Ravensburger Freizeit-Taschenbücher Band 63

Pamela Dotter

Grundkurs

Einfrieren

Tips, Geräte und Rezepte

Aus dem Englischen
von Maria Csollány

Otto Maier Verlag Ravensburg

Deutsche Erstausgabe
Die englische Originalausgabe erschien unter dem Titel
»Freezing« bei Macdonald Educational Ltd. (ISBN 0–356–06019–5)

Übersetzt von Maria Csollány
Umschlagfoto von Christian Teubner, Füssen
Gesamtherstellung: Appl, Wemding
Printed in Germany

85 84 83 82 81 5 4 3 2 1

ISBN 3–473–43063–3

Inhalt

Bildquellen
Grafik: Ron Hayward Art Group,
Oxford Illustrators
John Shackell

Foto:
Bryan Alexander, 9
Barry Bullough, 81, 101, 117
Mary Evans Picture Library, 11
Food Freezer and Refrigerator
Council, 12
Paul Kemp, 29, 61, 65, 77, 93
Octopus Books, 17

Konservierung durch Einfrieren

Das Ziel beim Konservieren von Lebensmitteln ist, sie vor den Ursachen des Verderbs zu schützen und dabei die Entstehung unangenehmer Veränderungen in Geschmack, Struktur und Aussehen während des Konservierungsprozesses und während der Lagerung zu verhindern.

Die Ursachen für den Verderb der Lebensmittel

Alle Lebensmittel enthalten Mikroorganismen, die im Verlauf ihrer Wachstumsperiode ständig Veränderungen bewirken. Mikroorganismen sind sowohl für die Gär- und Reifevorgänge als auch für den Verderb der Nahrungsmittel verantwortlich. Sie vermindern den Nährwert und können die Speisen nicht nur verderben, sondern in gewissen Fällen sogar vergiften. Mikroorganismen und Enzyme – das sind Proteinsubstanzen, die den Geschmack und manchmal auch die Farbe der Lebensmittel beeinträchtigen – vermehren sich rasch unter warmen feuchten Bedingungen.
Zucker, Salz, Alkohol und Schwefeldioxyd gehören zu den Substanzen, die die Vermehrung der Mikroorganismen und Enzyme verhindern. Sie alle werden bei der Lebensmittelkonservierung verwendet, etwa bei der Verarbeitung von Obst zu Marmelade, wobei sich allerdings die Struktur der Lebensmittel verändert. Zusammen mit diesen Substanzen oder auch allein bedient man sich außerdem noch der Hitze, um Lebensmittel eine gewisse Zeit nach dem Garen aufbewahren zu können. Beim Einfrieren kommen oftmals sowohl Hitze als auch Kälte zur Anwendung: zuerst werden die Speisen mittels Hitze gekocht oder blanchiert und dann bei Kälte im Gefrierprozeß tiefgefroren.

Konservierung durch Kälte

Die Vermehrung der Mikroorganismen wird bei Kälte eingeschränkt. Die Lagerzeit ist abhängig vom Kältegrad. So bleiben beispielsweise Nahrungsmittel in einem Kühlschrank bei etwa 4 °C mehrere Tage lang haltbar. Die gleichen Nahrungsmittel halten sich in einem Haushaltsgefriergerät bei −18 °C mehrere Monate lang. Das Einfrieren bewirkt ebenfalls gewisse physikalische Veränderungen der Lebensmittel, deshalb ist ihre Lagerzeit unterschiedlich. Diese Veränderungen werden durch Enzyme verursacht.
Die Enzyme bleiben auch bei der Lagertemperatur eines Gefriergerätes wirksam, sie müssen deshalb bei manchen Gemüsesorten vor dem Einfrieren durch Blanchieren zerstört werden.

Die Einwirkung des Gefrierens auf die Nahrungsmittel

Nicht alle Lebensmittel eignen sich zum Einfrieren. Die Kristalle, die sich beim Gefrieren bilden, können manchmal die Struktur der Lebensmittel zerstören. Einige Lebensmittel, etwa bestimmte im Handel geführten Joghurtsorten und homogenisierte Milch werden so behandelt, daß der Effekt geringfügig bleibt. Ist man sich nicht sicher, ob man eine fertige Speise einfrieren kann, versucht man es zunächst mit einer kleinen Portion. Schlimmstenfalls wird die Speise unansehnlich, giftig wird sie dadurch nicht.

Angestoßene Stellen

Insektenschäden

Behandlung

Spritze für Insektizide

Zum Einfrieren ungeeignete Lebensmittel

Salatblätter Die Blätter fallen beim Auftauen schlaff zusammen und können nur noch gekocht, etwa in Suppen verwendet werden. Sellerie und Tomaten können gekocht verwendet werden.

Bananen Sie werden schwarz, außer man zerdrückt sie und friert sie mit Zitronensaft ein.

Süße und saure Sahne Sie werden flockig beim Auftauen. Durch Zugabe von Zucker an sahnehaltige Gerichte lassen diese sich besser einfrieren.

Milch Die beim Gefrieren entstehenden Eiskristalle bewirken, daß die Milchfette aus der Emulsion ausgefällt werden, wenn die Milch nicht homogenisiert wurde.

Mayonnaise Die Emulsion zerfällt beim Einfrieren, das Öl sondert sich ab.

Einfacher Joghurt Zerfällt während des Einfrierens.

Joghurt mit Fruchtgeschmack Läßt sich wegen des Zuckergehaltes etwas besser einfrieren. Gekaufter Tiefkühljoghurt wird speziell für diesen Zweck zubereitet.

Avocados Sie werden beim Einfrieren schwarz, können aber als Püree eingefroren werden.

Wie alles anfing: Die Eskimos haben schon immer die Vorzüge schnell gefrorener Fische genossen, obwohl wir sie kaum wegen ihrer Fangmethoden beneiden.

Die Wirkung der Temperatur auf die Lagerung von Gefriergut

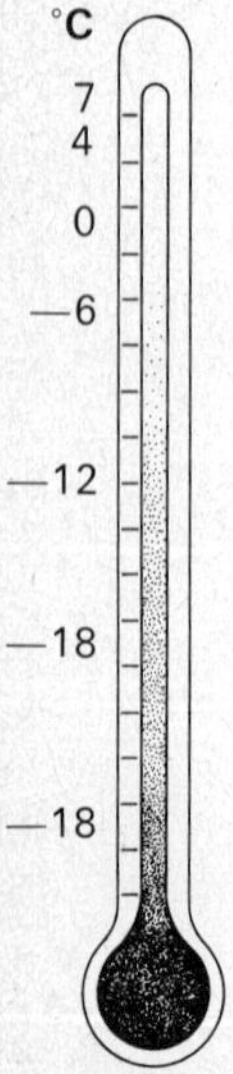

Kühlschrank-Temperatur

Langsames Wachstum der für Lebensmittelvergiftung verantwortlichen Bakterien. Enzyme aktiv.

Gefrierpunkt des Wassers.

Temperatur im *1-Sternfach eines Kühlschranks. Lagerzeit für Gefriergut 1 Woche. Kein Wachstum der Lebensmittel vergiftenden Bakterien, langsames Wachstum der Fäulnisbakterien, Enzyme noch aktiv.

Temperatur im **2-Sternfach eines Kühlschrankes. Lagerzeit für Gefriergut 1 Monat. Kein Wachstum der Lebensmittel vergiftenden Bakterien, langsames Wachstum der Fäulnisbakterien, Enzyme noch aktiv.

Temperatur im ***3-Sternfach eines Kühlschrankes. Lagerzeit für Gefriergut 3 Monate. Kein Wachstum der Lebensmittel vergiftenden Bakterien und Fäulnisbakterien, noch geringe Enzymaktivität.

Lagertemperatur eines ✲*** Heimgefriergerätes. Die Qualität des Gefriergutes bleibt erhalten. Enzymaktivität so verlangsamt, daß ihre Wirksamkeit vernachlässigt werden kann.

Die Wirkung der Tiefkühllagerung auf die Lebensmittel

Der Reifevorgang in den Lebensmitteln geht auch während der Lagerung weiter, da die Enzyme wirksam bleiben. Der Geschmack mancher Lebensmittel bessert sich während der Lagerzeit, das gilt besonders für kräftig schmeckende Gerichte wie Wild oder scharf gewürzte Speisen, die beim Lagern mürbe werden wie ein Obstkuchen in einer Blechdose. Für andere Lebensmittel wie Fette wirkt sich die Oxydation nachteilig aus, sie werden ranzig. Deshalb ist fettes Fleisch nicht so lange haltbar wie mageres.

Blumenkohl und Pfirsiche werden nach längerer Lagerung braun; bei frischem Obst nimmt der Pektingehalt ab, so daß zum Einmachen von Marmelade mehr Früchte benötigt werden. Gewürze und Gewürzkräuter ändern nach dreimonatiger Lagerzeit den Geschmack. Knoblauch wird muffig und sollte daher, wenn irgend möglich, nach dem späteren Auftauen zugegeben werden. Zur Vermeidung unerwünschter Veränderungen muß das Gefriergut möglichst vollständig vor Sauerstoffzutritt geschützt werden, indem man es mit Sirup oder Soße übergießt, mit Glasur überzieht und die Luft aus der Verpackung entfernt. Gemüse sollte blanchiert, überflüssiges Fett entfernt und eine zu lange Lagerung der Lebensmittel vermieden werden.

Der Nährwert tiefgefrorener Lebensmittel

Tiefgefrorene Lebensmittel lassen sich durchaus mit frischen Marktprodukten vergleichen. Beim Gefriervorgang werden keine Nährstoffe in den Lebensmitteln zerstört, wenn auch lösliche Vitamine und Mineralsalze beim Blanchieren und beim Auftauen mit der austretenden Flüssigkeit verlorengehen.
Das Vitamin C, das in den meisten frischen Obst- und Gemüsesorten vorkommt, ist sehr unstabil, da der Abbau durch Enzyme in dem Augenblick einsetzt, in dem die Früchte geerntet werden. Durch Blanchieren werden die Enzyme unwirksam, wenn also das Gemüse innerhalb weniger Stunden nach der Ernte blanchiert und eingefroren wird, wie das bei handelsüblicher Tiefkühlkost geschieht, kann der Vitamingehalt größer sein als bei »frischem« Gemüse, das man beim Händler kauft. Bei hochwertigem Gefriergut kommt es auf die Geschwindigkeit des Einfrierens an.

Die Entwicklung des Gefrierverfahrens

Schon in sehr frühen Zeiten, lange ehe man Wärme und Feuchtigkeit als Ursachen der Fäulnis erkannt hatte, entdeckte man den Vorteil der Lebensmittellagerung in kühlen Höhlen. Über die Verwendung von Eis, wenn auch nur zum Kühlen von Getränken, wird erstmals aus China berichtet. Zu Beginn unserer Zeitrechnung soll Nero seinen Sklaven befohlen haben, Eisblöcke aus den Alpen zum Kühlen von Wein und Speisen heranzuschaffen. Die Verwendung von Eis als Konservierungsmittel war damals unbekannt.

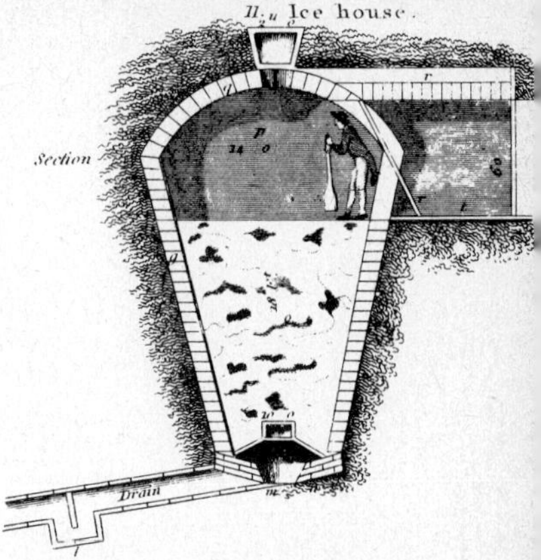

Die Eishäuser wurden unterirdisch gebaut, um die Isolierung der gelagerten Eisblöcke zu ermöglichen.

Eine nächste Entwicklungsstufe war das Eishaus. In Österreich wurde bei Ausgrabungsarbeiten an der Fundstelle eines Hauses aus dem ersten Jahrhundert n. Chr. eine unterirdische Kammer freigelegt, in der sich Regale für Nahrungsmittel und Behälter für Eisblöcke befanden, die mit Stroh isoliert waren. Wohlhabende Engländer besaßen zur Zeit Königin Elizabeth I. unterirdische, igluförmige Eishäuser nahe einem See, aus dem man während des Winters das Eis einlagerte.
Später forschten die Wissenschaftler nach einem mechanischen Verfahren, um eine kühle Atmosphäre zu erzeugen und zu erhalten. Im neunzehnten Jahrhundert wurden viele Patente für die Entwicklungsgrundlagen der Kältetechnik angemeldet. Betriebsanlagen für die Verpackung von Fleisch zogen als erste Nutzen daraus.
1880 wurde Fleisch in Kühlbehältern von Australien nach Großbritannien

transportiert. Die Lagerungsfähigkeit der Lebensmittel war zwar länger, aber immer noch begrenzt. Wie man feststellte, hielten sich Lebensmittel bei arktischen Temperaturen länger frisch als bei der Temperatur um 0 °C, die man durch die neuen mechanischen Kühlverfahren erzielte.
In den Jahren nach 1890 waren die USA weltweit führend in der Entwicklung der Kältetechnik. Durch die hohen Sommertemperaturen und die Bevölkerungszunahme des Landes bedingt, wurde die Kältetechnik zu einer Angelegenheit ersten Ranges. Bald nach 1900 beobachtete ein amerikanischer Forscher namens Clarence Birdseye, daß, wenn ein in der Arktis gefangener Fisch steif gefror und sich um ihn eine Eisschicht gebildet hatte, er auch dann noch frisch schmeckte, wenn er monatelang auf dem Eis herumgelegen hatte. Birdseye folgerte daraus erstens, daß die Haltbarkeit der Lebensmittel mit sinkender Temperatur zunimmt und zweitens, daß die Lebensmittel gegen Austrocknung von der Luft abgeschlossen werden müssen, was die Eisschicht auf dem Fisch wirkungsvoll getan hatte.

Industrielle Gefrierverfahren

Der große Durchbruch erfolgte um 1930, als Clarence Birdseye zu dem Schluß kam, daß die Qualität des Gefriergutes sich wesentlich besserte, wenn es rasch tiefgefroren wurde. Lebensmittel bestehen zum größten Teil aus Wasser; bei langsamem Gefrieren bilden sich große Eiskristalle, die die Zellwände zerstören. Beim Auftauen läuft der Saft zusammen mit einem Teil der Nähr- und Geschmacksstoffe aus, die Nahrungsmittel werden trokken, zäh und geschmacklos.

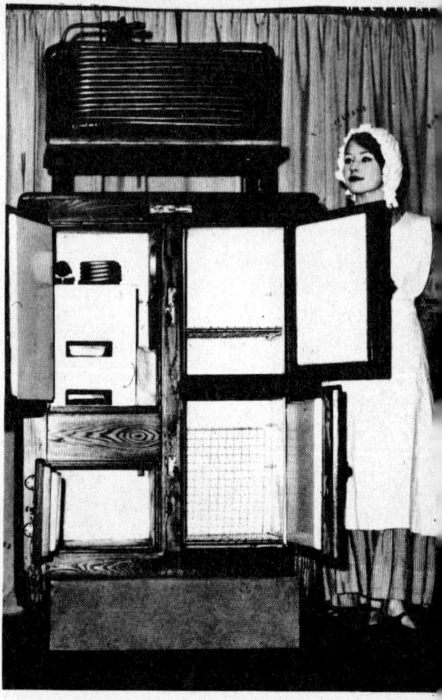

Dieser Kühlschrank aus dem Jahr 1914 hatte drei getrennte Lagerzonen und ein Fach für Eisbereitung, er wurde durch Ventilator-Kühlung mit einem Kompressormotor an der Oberseite der Anlage betrieben.

Bei schnellem Einfrieren entstehen kleine Eiskristalle, die die Zellen nicht zersprengen. Gemeinsam mit General Foods of America ließ Clarence Birdseye ein Verfahren patentieren, bei dem die Temperatur des Gefriergutes innerhalb von Minuten von −1 °C auf −5 °C herabsank, im Gegensatz zu den Stunden, die bei den älteren Gefrierverfahren nötig waren.
Das gleiche Prinzip des Schnellgefrierens wird auch heute noch angewen-

det. Durch die Entwicklung von Gefrierfächern für das rasche Einfrieren von Packungen, von Gefriergebläsen – bei denen die Kaltluft durch eine Röhre geblasen wird – und Gefrieren mittels flüssigem Stickstoff wurde es möglich, Tiefkühlkost in großen Mengen herzustellen.
Mit der Entwicklung der Tiefkühlkost-Industrie kam es auch zu Verbesserungen sowohl beim Gefrierprozeß als auch bei der Lagerung. Der Vorteil des Gefrierens zeigt sich vor allem bei einem der verderblichsten Lebensmittel – bei Fisch. Als zum erstenmal gefrorener Fisch in den Handel gelangte, entdeckten die meisten Leute einen für sie neuen Geschmack. Der frische Geschmack unterschied sich wesentlich von dem der abgestandenen Fische, an den sie gewöhnt waren.
Die ersten Anlagen zur Herstellung von Tiefkühlkost wurden in der Nähe von Fischerhäfen gebaut, wo sie auch heute noch neben den Einrichtungen zum Tiefgefrieren anderer Lebensmittel in Betrieb sind.

Das Heimgefrieren

Ein Gefriergerät ist ein Behälter mit Kühlröhren, die in die Seitenwände oder in die Fächerböden eingebaut sind. Die Energie für die Kühlröhren liefert ein Elektromotor mit Thermostat, damit eine konstant niedrige Temperatur beibehalten wird. Die ersten »Heimgefriergeräte« waren Kühlbehälter der Speiseeisindustrie.
Sie hatten nicht das Fassungsvermögen der modernen Tiefkühlgeräte, und auch ihre Form eignete sich nicht sonderlich für den Haushalt. Das erste wirklich brauchbare Gefriergerät war ein Tiefkühlschrank. Wie bei den heutigen Gefriergeräten konnten die Lebensmittel darin schnell gefroren und bei der erreichten niedrigen Temperatur gelagert werden. Heimgefriergeräte gewährleisten einen schnellen Gefrierprozeß, bei dem dünne Lebensmittelpackungen in etwa einer Stunde durchgefroren werden; in Industrieanlagen geschieht das innerhalb von Minuten, also wesentlich schneller.

Die Vorteile eines eigenen Gefriergerätes

Jede Familie hat ihre eigenen Bedürfnisse, es dürfte jedoch wenig Haushalte geben, die von der Zeit-, Geld- und Arbeitsersparnis nicht profitieren könnten, die der Besitz eines Gefriergerätes mit sich bringt. Durch ein Gefriergerät lassen sich viele Verluste vermeiden, Reste können ebensogut eingefroren werden wie die Früchteschwemme aus dem Garten. Beim Einkauf größerer Mengen spart man nicht nur viel Zeit, sondern kann auch die günstigeren Preise von Sonderangeboten nutzen. Der Speiseplan läßt sich abwechslungsreicher gestalten, da Obst und Gemüse auch außerhalb der Saison billig aus dem Gefriergerät genommen werden können. Friert man in größeren Mengen zubereitete Speisen in einzelnen Portionen ein, so hat man immer einen Vorrat an Spezialdiät oder für eilige Fälle zur Hand. Man spart auch Zeit, wenn die doppelte Menge eines Gerichtes gekocht wird.
Auch die Bewirtung von Gästen wird vereinfacht, da man die Gerichte im voraus zubereiten kann. Und schließlich ist das Gefrieren die einfachste und sicherste Methode der Lebensmittelkonservierung.

Ausrüstung zum Heimgefrieren

Wichtig ist die richtige Auswahl des Gefriergerätes – je größer, desto besser. Ehe das Gefriergerät nicht sozusagen zum Familienmitglied geworden ist, kann man sich kaum vorstellen, wie sehr es gebraucht wird. Denken Sie daran, daß Großeinkäufe eine Menge Platz erfordern. Beim Fleischkauf spart man um so mehr, je größere Stücke man kauft. Gartenbesitzer brauchen viel Platz, um ihre Ernteüberschüsse unterzubringen. Auf den Liter umgerechnet kostet ein großes Gefriergerät weniger als ein kleines.

Die Wahl des Gefriergerätes

Man achte unbedingt darauf, daß das Gerät mit dem Tiefkühlkost-Symbol versehen ist:

Es zeigt an, daß das Gerät sowohl zum Einfrieren frischer Lebensmittel als auch zum Lagern von Tiefkühlkost geeignet ist. In Geräten mit drei Sternen können ähnlich wie im Gefrierfach eines Kühlschrankes nur bereits tiefgefrorene Lebensmittel gelagert werden. Solche Apparate, Tiefkühlvitrinen genannt, werden meist im Handel zur Lagerung von Tiefkühlkost und Speiseeis verwendet.

In der Gebrauchsanweisung des Herstellers und auf einem Hinweisschild am Gerät ist angegeben, welche Lebensmittelmenge innerhalb von 24 Stunden eingefroren werden kann, ohne daß die bereits im Gefriergerät gelagerten Lebensmittel an Qualität verlieren. Gewöhnlich beträgt die Menge etwa ein Zehntel des Rauminhaltes.

Gefriergeräte-Typen Im Handel erhält man Gefriertruhen mit einem Deckel an der Oberseite und Gefrierschränke mit einer oder zwei Türen sowie Kombinationen aus Kühl- und Gefrierschrank übereinander. Welche Art von Gerät Sie wählen, hängt von der vorhandenen Stellfläche ab; sollten Sie aber genügend Platz haben, überlegen Sie sich vorher genau, welche Anforderungen sie an die Leistungsfähigkeit des Gefriergerätes stellen.

Wählen Sie eine *Tiefkühltruhe,* wenn Sie fertige Tiefkühlkost in größeren Mengen einlagern wollen. Der Preis einer Truhe ist niedriger, die Betriebskosten sind geringer. Das Beschicken ist jedoch mühsam, und für kleinwüchsige Personen ist es oft kaum möglich, an den Grund der Truhe zu kommen.

Wählen Sie einen *Gefrierschrank,* wenn Sie nicht übermäßig groß sind, weniger Mühe mit dem Einräumen haben wollen oder wenn Sie beabsichtigen, größere Mengen selbst einzufrieren. (Achten Sie darauf, daß die Schrankfächer Verdampfungsröhren enthalten!) Manche Gefrierschränke haben eine automatische Abtauvorrichtung mit Ventilator, der die Kaltluft zirkulieren läßt.

Größe: Man rechnet etwa 120 Liter Nutzinhalt für jedes Familienmitglied. Möchte man jedoch größere Mengen selbstgefrorener Produkte einlagern, so braucht man ein entsprechend größeres Gerät.

Was kostet der Betrieb eines Gefriergerätes?

Eine Tiefkühltruhe mit 195 Litern verbraucht in 24 Stunden ca. 1,3 kWh, etwas mehr, wenn die Schnellgefriervorrichtung eingeschaltet wird. Jedesmal, wenn man die Tür öffnet und warme Luft eindringt, erhöhen sich die Stromkosten. Gefrierschränke verlieren beim Öffnen mehr Kälte, da aber in ihnen das Gefriergut schneller auffindbar ist als in einer Gefriertruhe, gleichen sich die Betriebskosten nahezu aus. Am besten lagert man in einer Truhe das Gefriergut in größeren Plastikbeuteln, die man herausnimmt, den Deckel schließt, die gewünschte Packung heraussucht und dann den Beutel wieder zurücklegt.

Der Standort des Gefriergerätes

Als Standort wählt man einen kühlen, trockenen, gut belüfteten Platz. Nicht immer ist die Küche ideal, da es dort oft zu warm ist. Außerdem müssen die Gefriergeräte in gewisser Entfernung von Kochplatten und Boilern aufgestellt werden. Irgendein gut gelüfteter Flur, jede Speisekammer oder sogar eine Garage sind oft besser geeignet. Auf Stein- und Betonfußböden muß das Gerät zum Schutz gegen Kondensierung auf Holzklötze gestellt werden. Auch muß an allen Seiten genügend Raum frei bleiben, damit die Luft um das Gerät zirkulieren kann und es einwandfrei funktioniert. Prüfen Sie den Fußboden auf seine Tragfähigkeit; ein voll beladenes größeres Gefriergerät ist außerordentlich schwer. Zum Anschließen ist eine

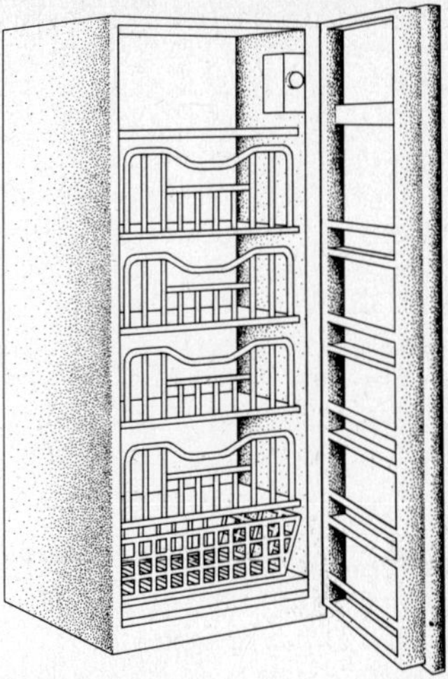

Gefrierschrank

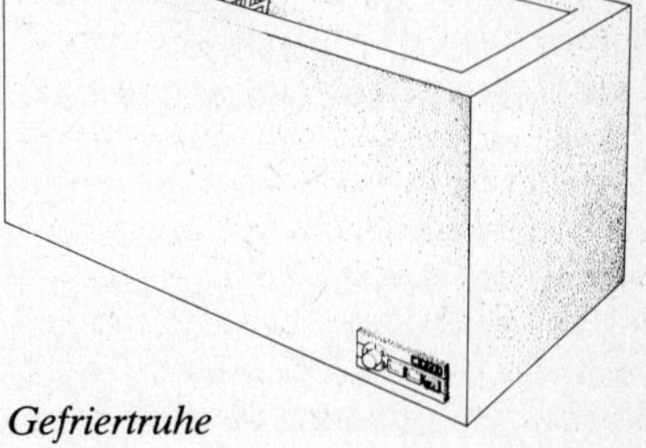

Gefriertruhe

Schutzkontakt-Steckdose, abgesichert mit 16 Ampère, erforderlich. Falls das Gerät in einer Garage aufgestellt wird, empfiehlt sich eine in der Küche installierte batteriebetriebene Warnleuchte oder Klingel (vergessen Sie nicht, die Batterien regelmäßig auszuwechseln).

Abtauen des Gefriergerätes

Sobald sich im Gefriergerät eine Eisschicht gebildet hat, muß es abgetaut werden. Das sollte bei einer Truhe einmal, bei einem Schrank etwa zweimal im Jahr vorgenommen werden.

Das Abtauen erfolgt am besten, wenn nur wenig Gefriergut in dem Gerät lagert. Dabei geht man so vor:

1. Man kühlt Zeitungspapier und Wolldecken ab, falls vorhanden auch eine Kühltasche (wie sie beim Camping benutzt wird) und räumt das Gefrierfach des Kühlschrankes leer.
2. Man zieht den Netzstecker heraus und räumt das Gefriergerät vollständig aus; das Speiseeis kommt in das Gefrierfach des Kühlschrankes, das übrige Gefriergut wird dicht an dicht in Zeitungspapier und Wolldecken eingepackt oder in die Kühltaschen gelegt. Um Zeit zu sparen, umwickelt man die Einsatzkörbe der Truhe, ohne sie vorher umzupacken.
3. Falls das Gefriergerät keinen Tauwasserablauf hat, legt man Tücher auf den Boden, um das Schmelzwasser aufzufangen. Dann stellt man Metallgefäße mit heißem Wasser in den Gefrierraum, um das Eis abzuschmelzen. Niemals einen Haartrockner benutzen, da man dabei einen elektrischen Schlag bekommen kann. Das Eis kratzt man mit einem Plastikschaber ab und sammelt es in einer Schaufel.
4. Man wäscht das Gerät mit warmem Wasser aus, dem man etwas kohlensaures Natrium oder Soda zugesetzt hat. Gründlich trockenreiben!
5. Der Strom wird eingeschaltet und das Gefriergut ins Gerät zurückgelegt. Neue Inhaltslisten werden angefertigt und die ältesten Packungen nach vorn oder oben gelegt.

Kundendienst und Versicherung

Für Notfälle sollten Sie die Nummer des Kundendienstes bei der Hand haben oder an das Gefriergerät kleben. Falls bei einer Störung das Gefriergut (insbesondere Speiseeis) weich wird, halte man das Gerät gut verschlossen und öffne es erst wieder, nachdem die Störung behoben ist. Der Inhalt eines vollen Gefriergerätes hält sich vier bis fünf Tage. Man kann angetaute Packungen nochmals einfrieren, sollte sie aber bald verbrauchen. Ganz aufgetautes, aber noch kühles Gefriergut kann man aufkochen und erneut einfrieren. Viele Versicherungsgesellschaften schließen einen Vertrag gegen Betriebspannen ab.

Verpacken

Alle im Gefriergerät gelagerten Lebensmittel müssen verpackt werden, damit sie gegen die austrocknende Kaltluft und gegen Oxydation geschützt sind und damit sie nicht den Geruch anderer Lebensmittel annehmen. Zerbrechliches Gut muß in festen Behältern verpackt werden, damit es keinen Schaden nimmt. Das Verpackungsmaterial muß genügend widerstandsfähig sein, um die sehr tiefen Temperaturen auszuhalten, und es muß undurchlässig für Dampf und Flüssigkeiten sein. Es gibt viele Spezialfirmen, die eine große Auswahl von Gefrierpackungen anbieten.

Verschiedene Verpackungen für das Einfrieren, darunter Haftfolie, Alufolie, Plastikbeutel und Drahtverschlüsse, Etiketten, Gefrierbeutel und Kunststoffbehälter.

Der Plastikbeutel wird zwischen zwei elektrisch beheizte Schweißdrähte gepreßt, die den Kunststoff schmelzen und den Beutel zuschweißen.

Polyäthylenbeutel Sie sind preiswert und mehrfach zu verwenden, wenn sie nicht beschädigt werden. Für längere Lagerzeiten werden besonders feste Beutel mit einer Dicke von 0,015 bis 0,025 mm empfohlen. Beutel mit farbigen Streifen ermöglichen die Kennzeichnung des Gefriergutes durch Farben. Die Luft aus den Beuteln kann leicht durch einen Strohhalm, ein Röhrchen oder eine Vakuumpumpe entfernt werden. Man verschließt die Beutel mit Klebeband oder Metalldraht, der mit Papier oder Plastik überzogen und manchmal mit einem Etikett versehen ist.

Selbsthaftende Gefrierfolie Mit dieser sehr vielseitig nutzbaren Plastikfolie lassen sich auch sperrige Stücke wie Fleisch oder Geflügel luftleer einpakken, man kann damit vorgeformte Blocks umwickeln oder einzelne Stükke trennen. Die dickeren Folien können für sich allein benutzt werden, die dünneren müssen nochmals verpackt werden; sie eignen sich daher besonders, um Einzelstücke getrennt in einem Plastikbeutel einzufrieren.

Kochbeutel Diese Beutel bestehen aus einer Plastikfolie, die sowohl kochendes Wasser als auch Tiefkühltemperaturen verträgt. Man kann das darin verpackte Gefriergut im selben Beutel erhitzen, was besonders bei Eintopfgerichten und Soßen günstig ist. Auf diese Art kann man die verschiedenen Gänge einer ganzen Mahlzeit zusammen in einem Kochtopf erhitzen – für alleinstehende Personen eine ideale Lösung.

Folienblätter Die Blätter aus sehr dünner Plastikfolie eignen sich zum Trennen einzelner Stücke und zum Schutz für zerbrechliches Gefriergut.

Alufolie Ebenfalls zum Verpacken sperriger Stücke geeignet. Die darin verpackten Lebensmittel können gleich aus dem Gefriergerät in Dampf erhitzt oder überbacken werden.

Gefrierformen aus Alufolie Es gibt vielerlei Formen und Größen, wie Kuchenplatten, Puddingförmchen, Gebäckformen und größere Behälter für Partys, manche mit passendem Dekkel. Die Speisen können darin gekocht, eingefroren, wieder erhitzt und im selben Behälter serviert werden. Wenn man sie sorgfältig säubert, kann man sie mehrfach verwenden. Saure Speisen sollten nicht in Aluformen aufbewahrt werden, da leicht Löcher entstehen, statt dessen benutze man Plastikbehälter oder wickele die Speisen zuerst in Folie ein.

Gefütterte Beutel Aus Papier oder Folie, mit Plastik gefüttert, eignen sie sich zum Verpacken von Flüssigkeiten oder Püree.

Kunststoffbehälter Das ist die teuerste, aber auch haltbarste Verpakkungsform. Es lohnt sich, einen Vorrat derartiger Behälter anzuschaffen. Sie haben dicht schließende Deckel, manche sind luftdicht verschließbar. Die anderen Deckel müssen mit Klebeband verschlossen werden. Die Behälter lassen sich leicht mit Spezialstiften beschriften. Sie sind die einfachste Verpackungsform für Obst, Gemüse, Eintopfgerichte, Soßen und Pürees. Die viereckigen Formen nutzen den Platz besser als die runden. Es gibt große, runde oder viereckige Kunststoffbehälter zum Verpacken von empfindlichen Torten.

Andere Verpackungen Margarine-, Joghurt- und Sahnebecher, Plastikbeutel und Behälter aus dem Handel können ebenfalls verwendet werden, doch sollte man vorher ausprobieren, ob sie der niedrigen Temperatur standhalten. Behälter von Tiefkühlkost sind verwendbar.

Verschlüsse und Etiketten

Klebebänder Die auch gegen sehr niedrige Temperaturen widerstandsfähigen Klebebänder verhüten, daß sich beim Einfrieren die Deckel von den Behältern lösen (was geschehen kann, wenn man zuwenig »Kopfraum« läßt – siehe S. 114).

Metalldraht mit Plastiküberzug Das in Rollen erhältliche Material ist billig und eignet sich gut zum Verschließen von Plastikbeuteln. Bei manchen werden Etiketten mitgeliefert.

Plastikbänder Sie können beschriftet und als Etiketten benutzt werden. Sie sind in verschiedenen Farben erhältlich und erleichtern das Kennzeichnen des Gefriergutes.

Gefrier-Etiketten Sie sind mit einem kältebeständigen Spezialkleber beschichtet. Zum Beschriften benutzt man einen Filzstift.

Folienschweißgerät Nachdem die Luft aus den Beuteln entfernt ist, werden sie durch Hitze verschweißt.

Der Gebrauch des Heimfriergerätes

Jedem neuen Besitzer kommt sein Gefriergerät riesengroß vor, und er schreckt vor der Aufgabe zurück, die gähnende Leere zu füllen. Aber schon ein Besuch in einem Geschäft mit Tiefkühlkostvitrinen, ein Nachmittag Beerenpflücken und das Abernten einer einzigen Gemüsesorte im Garten füllen es zur Hälfte an. Einige Grundvorräte, ein paar Pasteten, Obstkuchen und Torten für die nächste Besuchsrunde schaffen den Rest.

Kosten und Ersparnisse

Denken Sie daran, daß ein Gefriergerät Tag und Nacht elektrischen Strom verbraucht. Um es optimal zu nutzen und die laufenden Kosten gering zu halten, sollten Sie nur Speisen einfrieren, die Ihre Familie gern ißt und für einen raschen Umlauf des Gefriergutes sorgen. Gemüse hält sich zwar bis zu einem Jahr ohne Qualitätsverlust, dennoch braucht man es nicht so lang zu lagern. Rechnen Sie aus, welche Kosten Ihnen beim Pflücken des eigenen Obstes und Gemüses entstehen, einschließlich der Benzinkosten, die Zeit, die Sie zur Zubereitung der fertigen Speisen brauchen und die Heizkosten für das Blanchieren. Vergleichen Sie das Ergebnis mit den Preisen der Tiefkühlkost im Handel und stellen Sie fest, ob sich der Aufwand lohnt. Großeinkäufe bei Ihrem Gemüsehändler sind unter Umständen billiger.

Großeinkäufe

Mit dem Einzug eines Gefriergerätes werden sich die Eßgewohnheiten Ihrer Familie ändern. Die meisten Familien gestehen, daß sie etwa die gleiche Geldsumme für Lebensmittel ausgeben, aber besser essen. Die Versuchung ist groß, im Supermarkt oder in einem Geschäft für Tiefkühlkost große Packungen Delikatessen einzukaufen, deshalb sollte man sich vorher eine Einkaufsliste aufstellen und sich daran halten. Die meisten Supermärkte inserieren eine Reihe von Sonderangeboten, meist gibt es auch einen »Kauf des Monats«. Notieren Sie, wie lange sich die verschiedenen Lebensmittel halten (siehe S. 105), so daß Sie Ihr Gerät nicht mit Lebensmitteln anfüllen, die alle zur selben Zeit verbraucht werden müssen. Kaufen Sie zunächst kleine Packungen, und probieren Sie die Qualität verschiedener Sorten aus, ehe Sie große Geldsummen investieren. Kaufen Sie größere Mengen möglichst bereits eingefroren (besonders bei Fleischkäufen), da die langsame Gefriergeschwindigkeit eines Heimgefriergerätes nicht dieselbe Qualität gewährleistet wie das industrielle Schnellgefrierverfahren mit Kaltluftgebläse. Kaufen Sie frisches Fleisch beim Fleischer, wo Sie die Qualität besser kontrollieren können. Er wird Ihnen das Fleisch nach Wunsch zurechtschneiden und einpacken, damit Sie es einfrieren können.

Einkauf größerer Fleischstücke

Die meisten Familien erhoffen sich hiervon den größten Nutzen. Man sollte jedoch genau wissen, was man sich mit einer Schweine- oder Rinder-

Rindervorderviertel

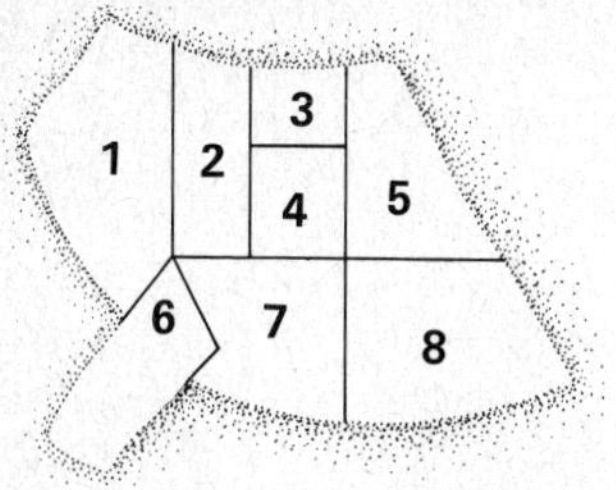

1 *Hals*
2 *Steak-Fleisch*
3 *Grat*
4 *Bug (Schulter)*
5 *Hohe Rippe*
6 *Rinderhaxe*
7 *Brust*
8 *Bauch*

Rinderhinterviertel

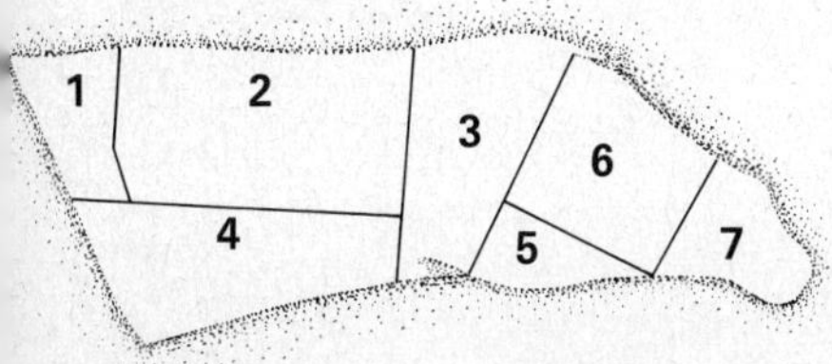

1 *Rippenstück*
2 *Lendenstück*
3 *Hüfte*
4 *Bauch*
5 *Rumpsteak*
6 *Keule*
7 *Bein*

Lamm (Hammel)

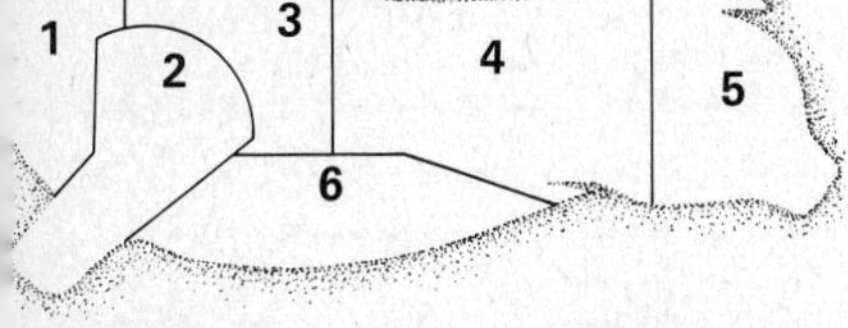

1 *Hals*
2 *Schulter*
3 *Schulterkoteletts*
4 *Lende*
5 *Bein (Keule)*
6 *Brust*

Schwein

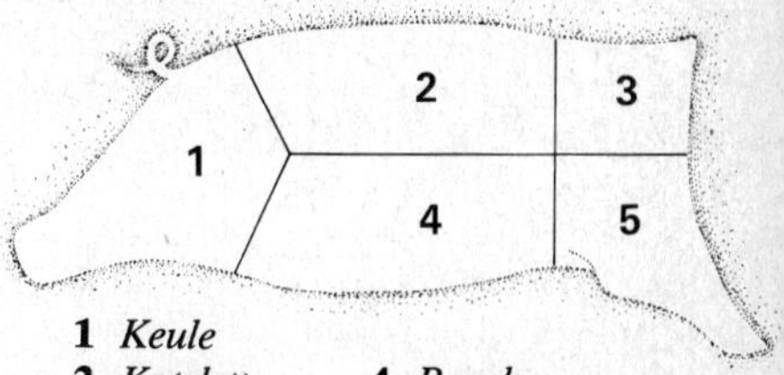

1 *Keule*
2 *Kotelett*
3 *Kamm*
4 *Bauch*
5 *Vorderschinken*

hälfte einhandelt, und überlegen, wieviel Platz das Fleisch im Gerät einnimmt. Eine Rinderseite wiegt über 100 kg. Damit läßt sich ein Gerät von 280 Litern vollständig füllen. Der Kauf einer Rinderseite lohnt sich möglicherweise, wenn Sie sie mit einer anderen Familie teilen. Es ist jedoch unwirtschaftlich, wenn manche Stücke davon nicht gern gegessen werden. Am besten kauft man Stücke der auch sonst gekauften Fleischsorten. Die kleineren Stücke enthalten:

Rindervorderviertel Wiegt etwa 60 bis 75 kg: Hals oder Schulter, Mittelrippe oder Schulter, Hohe Rippe, Fleisch zum Schmoren und für Hackfleisch, Brust, Fett und Knochen.

Rinderhinterviertel Wiegt etwa 60 bis 75 kg: Keule, Lende, Hüfte, Filet, Fleisch für Rumpsteak, Bauchlappen, Bein (zum Schmoren), Fett und Knochen.

Rückenstück und Keule Wiegt etwa 25 bis 32 kg: Keule, Hüfte, Fleisch für Rumpsteak, Filet, Bauchstücke, Bein, Fett und Knochen.

Hammel- oder Lammseite Wiegt etwa 7,5 bis 10 kg: Ein Bein, ein Schulter- und Bruststück, Fleisch zum Schmoren, Schulter- und Rückenkoteletts, Hammelkeule und Lendenkoteletts.

Schweineseite Wiegt etwa 22 bis 30 kg: Keule und Vorderschinken, Bratenstücke aus Kamm und Koteletts, Schälrippchen, Lende, Vorder- und Hinterhaxen, Speck, Schweinefüße und eine Kopfhälfte.
Beachten Sie, daß der Kilogrammpreis sich auf das sogenannte »tote Gewicht« bezieht. Nach dem Wegfall der unbrauchbaren Teile haben Sie einen Verlust von einem Viertel bis einem Drittel, ähnlich dem Gewichtsverlust bei frischem Geflügel.

Einfrieren hausgemachter Gerichte

Hochwertiges Gefriergut sollte so rasch wie möglich eingefroren werden. (Das Einfrieren von Lebensmitteln im Gefrierfach des Kühlschrankes geschieht sehr langsam und beeinträchtigt das Aussehen und den Geschmack der Speisen.)
Schnell-Einfrieren Das Gefriergerät darf nicht mit ungefrorenen Lebensmitteln überladen werden, da sie sonst langsamer gefrieren. Aus der Gebrauchsanweisung geht hervor, welche Lebensmittelmenge innerhalb von 24 Stunden eingefroren werden kann.
Der Schnellgefrierschalter Um möglichst schnell einzufrieren, schaltet man den Schnellgefrierschalter ein oder stellt den Temperaturregler auf die kälteste Stufe, und zwar mehrere Stunden vor dem Einlegen des Gefriergutes. Durch den Schalter wird die Wirkung des Thermostaten aufgehoben und die volle Kühlleistung erreicht. Die Lagertemperatur sinkt dadurch herab zur Gefriertemperatur, die zum raschen Einfrieren erforderlich ist. Das Einfrieren der Höchstmenge dauert 18 bis 24 Stunden, die Hälfte davon 10 bis 12 Stunden. Der Schnellgefrierschalter kann nach 20 bis 24, beziehungsweise 10 bis 12 Stunden abgeschaltet werden. Zum Einfrieren kleinerer Mengen kompakter Lebensmittel wie Fisch oder Fleisch rechnet man 2 Stunden je halbes Kilogramm, bei Flüssigkeiten, Gemüse, Obst und Brot 1 Stunde je halbes Kilogramm. Für Mengen bis zu einem Kilogramm braucht man den Schnellgefrierschalter nicht anzustellen. Man läßt die Speisen vor dem Einfrieren im Kühlschrank abkühlen, verpackt sie zu kleinen, flachen Päckchen, aus denen man die Luft so gut wie möglich entfernt. Die in den Päckchen verbliebene Luft (ein schlechter Kälte- und Wärmeleiter) verhindert den Wärmeentzug aus dem Gefriergut. Saugen Sie die Luft mit einem Strohhalm, einem Gummischlauch oder einer Vakuumpumpe heraus. Legen Sie die Päckchen einzeln und schichtweise, so daß jedes den Boden oder eine Wand des Gefrierfaches berührt. Das Einfrieren geht am schnellsten, wenn die Päckchen nicht mit der Kaltluft, sondern mit Metall in Berührung stehen. Stapeln Sie deshalb die Päckchen nicht aufeinander, und bringen Sie sie nicht in die Nähe bereits gefrorener Lebensmittel, da sie sonst diesen und nicht dem Gefriergerät Kälte entnehmen.
Die Temperatur einer auf 4 °C abgekühlten Speise liegt immer noch um 22 °C höher als die des gelagerten Gefriergutes – ein Temperaturunterschied wie zwischen warmem und heißem Wasser.
Das Einfrieren von Speisen in einer offenen Schicht auf einem Metalltablett setzt zwar die Gefrierzeit herab, doch trocknet das Gefriergut aus, wenn es zu lang der Luft ausgesetzt ist.

Frieren Sie deshalb immer nur eine Lage auf einmal ein, und packen Sie die Lebensmittel sofort nach dem Durchgefrieren binnen einer Stunde ein.

Beschicken des Gefriergerätes

Es empfiehlt sich, beim Einpacken systematisch vorzugehen, damit Sie wissen, wo Sie das Gewünschte finden: je länger der Deckel oder die Tür offensteht, desto mehr Kaltluft entweicht aus dem Inneren.

Gefrierschrank Er ist leichter zu beschicken, da er einem Geschirrschrank ähnelt. Dennoch können kleine Pakkungen darin verschwinden und unauffindbar werden. Man packt sie deshalb besser in größeren Einheiten zusammen. Alte Nylonstrümpfe liefern vorzügliche Netze für winzige Kräuter- oder Eierpäckchen. Bestimmen Sie besondere Fächer für die verschiedenen Lebensmittelsorten (siehe Seite 24). Nützlich ist es auch, wie schon erwähnt, die Packungen farblich zu kennzeichnen.

Lagern Sie keine halbvollen größeren Behälter ein, sondern füllen Sie den Inhalt in kleinere Dosen.

Gefriertruhe Ordnen Sie auch hier den verschiedenen Lebensmittelsorten einen bestimmten Platz zu. Farbmarkierungen sind in der Truhe noch wichtiger als im Gefrierschrank. Im oberen Teil sollte man Einsatzkörbe mit dem Gefriergut lagern, das als erstes verbraucht werden soll. Kleinere Packungen am Truhenboden sollte man in farbigen Plastikbeuteln oder Behältern einlagern, die man leicht herausnehmen kann. Kunststoffbehälter von Speiseeis eignen sich gut zum Verpacken von einzeln eingefrorenem Obst oder Gemüse aus eigener Ernte. Sie lassen sich gut stapeln, und der Inhalt kann bei Bedarf in kleinere Behälter umgefüllt werden.

Beschriften und Buchführung

Etikettieren Sie alles, was Sie ins Gefriergerät legen, und achten Sie darauf, daß die Schildchen fest an den Packungen haften. Auf den Etiketten sollte die Sorte des Gefriergutes vermerkt sein, ob gekocht oder ungekocht, in welcher Menge oder wieviel Portionen, und das Einfrierdatum. Nützlich sind auch Angaben über das Kochen oder Erhitzen der einzelnen Portionen oder ganzer Mahlzeiten. Schreiben Sie klar und leserlich. In Plastikbeutel kann man farbige Etiketten einlegen, Kunststoffbehälter lassen sich mit Fettstiften beschriften. Die Etiketten immer vor dem Kühlen anbringen, da sie auf feuchten Flächen nicht haften.

Buchführung Legen Sie Listen an über den Inhalt Ihres Gefriergerätes. Sie können Karteikarten oder ein Ringbuch benutzen oder vorgedruckte Listen im Papiergeschäft kaufen. Teilen Sie jeder Lebensmittelgruppe eine Seite oder Karte zu und vermerken Sie alles, was Sie in das Gefriergerät legen oder daraus entnehmen.

Lagerzeiten

Hochwertige Lebensmittel, die sorgfältig und hygienisch einwandfrei zubereitet und gut verpackt wurden, können auch nach einem vollen Jahr dem Gerät im selben Zustand entnommen werden, in dem sie eingelagert wurden. Die Enzyme, die den Geschmack verschlechtern und die Oxydation verursachen, wirken allerdings weiter (es ist unmöglich, die Luft aus einer Gefrierpackung vollständig zu entfernen), so daß der Geschmack sich allmählich ändert und das Gefriergut ranzig wird. Die Enzyme verursachen jedoch nie eine Vergiftung der Lebensmittel, so daß diese auch nach zwei Jahren noch genießbar sind – sie schmecken nur nicht so gut.

In diesem Buch sind auf Seite 105 die empfohlenen Lagerzeiten angegeben, innerhalb derer keine Geschmacksänderungen auftreten. Fette Speisen und Fisch verderben am schnellsten. Da alle Speisen während des Lagerns an Geschmack verlieren, erneuert man am besten ständig den Inhalt des Gefriergerätes und verbraucht fertige Mahlzeiten innerhalb von drei Monaten. Legen Sie deshalb die neuen Pakkungen auf den Boden der Gefriertruhe.

Auftauen

Fleisch und Geflügel Fleischstücke und Geflügel müssen vor dem Garen auftauen, damit ihre Qualität erhalten bleibt und sichergestellt ist, daß alle Mikroorganismen abgetötet werden. Beim langsamen Auftauen kann das Fleisch die ausgetretene Flüssigkeit wieder aufnehmen. Sofort nach dem Auftauen sollte das Fleisch zubereitet werden. Dünne Fleischscheiben wie Schnitzel oder Koteletts brät man bes-

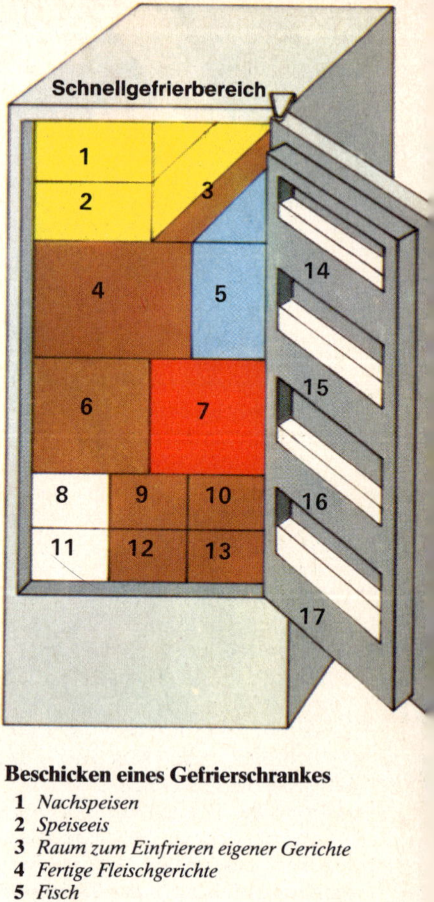

Beschicken eines Gefrierschrankes

1 *Nachspeisen*
2 *Speiseeis*
3 *Raum zum Einfrieren eigener Gerichte*
4 *Fertige Fleischgerichte*
5 *Fisch*
6 *Fleischstücke und -scheiben von Rind und Lamm, Speck, Innereien*
7 *Schweinehälfte*
8 *Kleine Kuchen, unverzierte Torten*
9 *Blätterteig*
10 *Brot, Brötchen*
11 *Eistorten in Behältern*
12 *Gebäck*
13 *Brotlaibe*
14 *Reste*
15 *Fleischbrühe*
16 *Kräuter, Gewürzwürfel*
17 *Obstpüree*

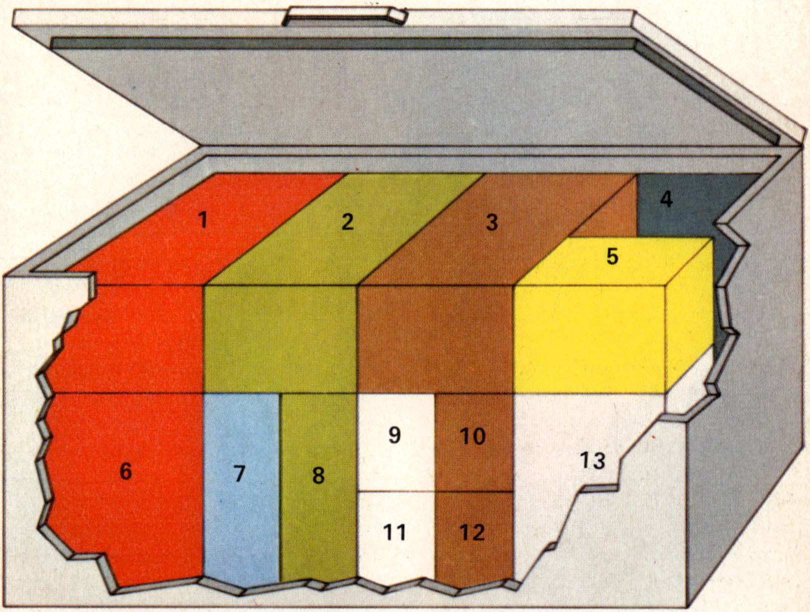

Vor dem Verschließen des Beutels muß die Luft mit einem Strohhalm oder Röhrchen entfernt werden.

Beschicken einer Gefriertruhe

1 *Fertige Fleischgerichte*
2 *Obstsalat, Obst in Behältern, Nachspeisen*
3 *Brot, Backwaren, Grundnahrungsmittel*
4 *Raum zum Einfrieren eigener Gerichte*
5 *Speiseeis*
6 *Fleischstücke und -scheiben von Rind und Lamm, Speck, Schweinehälfte*
7 *Fisch*
8 *Obst und Gemüse in Beuteln und großen Behältern*
9 *Fleischbrühe*
Saft, Milch, Milchprodukte
10 *Reste*
11 *Kuchen in Behältern*
12 *Gebäck, Pasteten*
13 *Kompressor*

ser gefroren an. In eiligen Fällen taut man die gefrorenen Stücke, noch verpackt, in einem Gefäß mit kaltem Wasser auf. Man kann sie auch unaufgetaut garen, muß sie dann aber mit Bratfolie schützen und durch ein Bratenthermometer kontrollieren. Dabei tritt mehr Saft aus, das Fleisch verliert folglich an Geschmack und Aussehen.

Gemüse und Obst Am besten kocht man es unaufgetaut. Das Obst verfärbt sich oft beim Auftauen. Weiches Obst läßt man vor dem Servieren am besten sehr langsam im Kühlschrank auftauen. Packen Sie es so ein, daß Sie die benötigten Mengen leicht auf einmal aus dem Gefriergerät nehmen können.

Backwaren Gewöhnlich taut man sie am besten langsam im Kühlschrank auf, insbesondere Eistorten und Obstkuchen, und schneidet sie, solange sie noch fest sind. Brot trocknet im Backofen oder im Kühlschrank rascher aus, man läßt es besser bei Zimmertemperatur auftauen.

Fertiggerichte Am günstigsten läßt man sie im Kühlschrank auftauen, um beim Erhitzen Energie zu sparen. Ein durchgefrorener Block Eintopf braucht lange, um in der Backröhre aufzutauen und heiß zu werden. Soßen müssen unter Umständen neu geschlagen werden, um ihr ursprüngliches Aussehen wiederzubekommen. Pies (Törtchen) werden am besten gefroren aufgebacken, damit sie eine knusprige Kruste bekommen. Wenn man ein Gericht zugleich auftauen und backen will, stellt man es in den kalten Backofen, so daß es mit zunehmender Hitze auftaut. Geben Sie 10 Minuten mehr Backzeit zu, als bei vorgeheiztem Backofen vorgeschrieben ist.

Auftauen und wieder Einfrieren

Nach einem Stromausfall oder wenn man Gefriergut herausgenommen und nicht verbraucht hat, kann man unter Umständen die Lebensmittel erneut einfrieren. Die erforderliche Behandlung hängt vom Zustand des Gefriergutes ab.

Angetaute Lebensmittel Trocknen Sie die Packungen ab und frieren Sie sie rasch wieder ein.

Kalte Packungen, voll aufgetaut Brot, Gebäck und Obst erneut einfrieren. Fleisch, Geflügel und Pies nochmals erhitzen und einfrieren. Kochen Sie das Gemüse auf und frieren Sie, was nicht verbraucht wird, als Suppe oder Püree wieder ein.

Warme Packungen, voll aufgetaut Werfen Sie Fleisch, Geflügel und Gemüsepackungen fort. Werfen Sie das Obst fort, wenn es »angegangen« riecht oder gärt. Wenn es noch unverdorben aussieht, kochen Sie es auf und frieren Sie es ein, oder machen Sie Marmelade oder Saft daraus. Brot und Kuchen können nochmals eingefroren werden, wenn sie frisch riechen.

Kennzeichnen Sie die so behandelten Packungen besonders, und verbrauchen Sie sie so rasch wie möglich. Auch wenn Geschmack und Aussehen der Speisen möglicherweise gelitten haben, eine Lebensmittelvergiftung ist deshalb nicht zu befürchten.

Einfrieren von Obst

Die besten Ergebnisse erzielt man mit reifen, aber noch nicht weichen Früchten, aus überreifen Früchten macht man besser Mus. Es lohnt sich nicht, beschädigte Früchte einzufrieren. Das Obst hält sich ein Jahr lang. Alle Obstsorten, ausgenommen Bananen, eignen sich gut zum Einfrieren.

Ausrüstung

Messer Um Verfärbungen zu vermeiden, benutzt man rostfreie Stahlmesser zum Vorbereiten der Früchte. Scharfe Messer, Messer mit Wellenschliff und ein Kartoffelschäler sind sehr nützlich.

Sieb Siebe aus Kunststoff oder rostfreiem Stahl eignen sich am besten zur Zubereitung von Püree. Wenn Sie selbst Apfelbäume haben und jedes Jahr mit Fallobst rechnen können, lohnt sich die Anschaffung eines Elektromixers mit Siebvorrichtung.

Tablett (zum offenen Einfrieren) Benutzen Sie Metalltabletts, die sowohl ins Gefrierfach des Gerätes als auch zum Abkühlen vor dem Gefrieren in den Kühlschrank passen. Back- und Biskuitbleche sind gut geeignet, dürfen aber nicht fettig sein. Stapelbare Kunststofftabletts zum Einfrieren sind ebenfalls erhältlich, aber nicht so gut wie Metall: das Gefrieren dauert länger und die Früchte trocknen aus. Für kleine Obstmengen kann man auch emaillierte Schalen oder Teller nehmen.

Eiswürfelschale Zum Einfrieren von Obstpüree und Sirup.

Verpacken

Gefrierbeutel Sie eignen sich für Früchte mit fester Schale wie Pflaumen oder Tomaten sowie zum Verpacken offen eingefrorener Früchte. Mit Klebeband verschließen.

Haftfolie Für ganze, festschalige Früchte wie Zitrusfrüchte. In Beutel verpacken.

Behälter Benutzen Sie Kunststoffbehälter zum Einfrieren von Früchten in Sirup und Zucker. Große Kunststoffbehälter (leere Eiscremebehälter) eignen sich gut zur Lagerung empfindlicher, offen eingefrorener Früchte. Praktisch für vorgeformte Pakete sind rechteckige oder quadratische Behälter. Benutzen Sie für sehr saure Fruchtsorten keine Alufolie, da durch die Säure Löcher entstehen können.

Beschichtete Kartons oder Plastikbecher Für Fruchtsäfte und Sirup geeignet.

Eiswürfelschale Für Obstpüree verwenden.

Fettstift Zum Beschriften der Kunststoffbehälter.

Grundmethoden für das Einfrieren von Obst

Offenes Einfrieren

Für Gefrierpackungen, denen Sie nach Belieben Früchte entnehmen können, eignen sich am besten Früchte, die sich nicht verfärben und alle weichen Früchte (außer Erdbeeren).

1. Stellen Sie den Schnellgefrierschalter an, wenn Sie mehr als ein halbes Kilo einfrieren.
2. Waschen Sie die Früchte möglichst

Ausrüstung zum Einfrieren von Obst.

nicht; falls nötig, in Eiswasser waschen, gut abtrocknen lassen und auf Küchenpapier ausbreiten.
3. Legen Sie die Früchte in einer Schicht auf eine Metallplatte.
4. Zum Abkühlen 1/2 Stunde in den Kühlschrank stellen.
5. An den kältesten Platz stellen, ins Gefrierabteil einer Truhe oder ins Gefrierfach oder neben die Kühlröhren eines Gefrierschrankes. Eine Stunde durchfrieren lassen.
6. Zum Einlagern in Kunststoffdosen oder Gefrierbeutel füllen.
7. Etikettieren und in das Gefriergerät einlegen.

In Trockenzucker

Wenden Sie diese Methode bei saftigen Früchten an, die sich nicht verfärben, einschließlich Himbeeren, Brombeeren und Heidelbeeren.

Man nimmt 200 bis 300 g Streuzucker für jedes Kilogramm Obst.

1. Abwechselnd Früchte und Zucker in eine große Schale einschichten. Vorsichtig in Gefrierbeutel einfüllen, oder Früchte und Zucker gleich in Gefrierdosen einschichten. Lassen Sie 2 cm Kopfraum, damit sich die Früchte beim Einfrieren ausdehnen können.
2. Etikettieren, abkühlen lassen und dann an die kälteste Stelle des Gefriergerätes bringen.

In Sirup

Diese Methode eignet sich für nicht sehr saftige Früchte wie Äpfel, Aprikosen, Johannisbeeren und Pfirsiche. Verfärbungen werden dabei weitgehend vermieden, besonders wenn der Zuckerlösung Säure zugesetzt wird: Nehmen Sie 30 ml (2 Eßlöffel) Zitronensaft, eine 50 mg Tablette Ascorbinsäure oder 5 ml (1 gestrichener Teelöffel) Zitronensäure auf 1/2 Liter Wasser.

1. Kochen Sie Sirup aus 250 bis 500 g Zucker auf 1/2 Liter Wasser, geben Sie, falls erforderlich, die Säure hinzu, dann auskühlen lassen.
2. Füllen Sie die vorbereiteten Früchte in Behälter.
3. Gießen Sie den Sirup so über das

Die drei Methoden zum Einfrieren von Obst: in Sirup, eingezuckert in Schichten, und offen auf einem Tablett und zur späteren Verpackung in Gefrierbeuteln.

Apfelschnitze müssen vor dem offenen Einfrieren blanchiert werden.

Obst, daß ein Kopfraum von etwa 2 cm bleibt.

4. Wenn die Früchte obenauf schwimmen, legen Sie ein zusammengedrücktes Stück Fettpapier oder Plastikfolie darauf, um sie unter der Zuckerlösung zu halten.

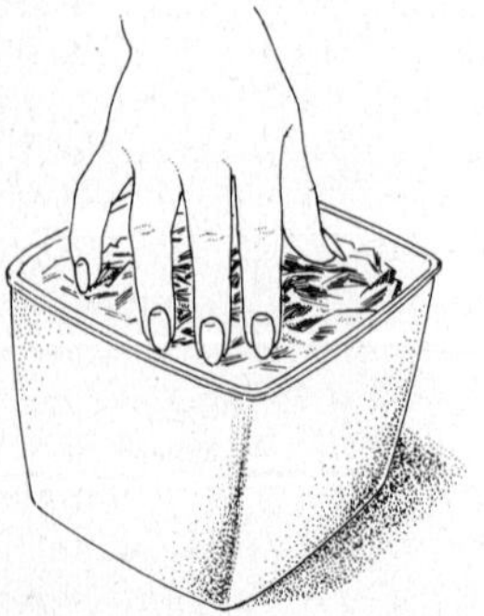

5. Schließen Sie den Behälter, etikettieren und kühlen Sie ihn im Kühlschrank ab.

6. An den kältesten Platz des Gefriergerätes stellen.

Als Püree

Geeignet für Erdbeeren, Äpfel, Beerenobst.

1. Die Früchte kochen, falls nötig. Durch ein Kunststoffsieb drücken oder entsaften. Das Püree nach Geschmack süßen.

2. Wie Früchte mit Sirup in Dosen füllen und Kopfraum belassen. Falls Sie nicht genügend Behälter haben, nehmen Sie die gefrorenen Blocks heraus und packen Sie sie in Folie und Gefrierbeutel.

Trockenpackungen

Für Früchte mit fester Schale geeignet, wie Johannisbeeren (Stiele erst nach dem Einfrieren entfernen), Stachelbeeren (Blüten und Stiele nach dem Einfrieren abknipsen) und Pflaumen.

1. Die Früchte nur wenn notwendig waschen, gut abtrocknen lassen.

2. In Gefrierbeutel füllen, etikettieren, abkühlen, einfrieren. Verwendung: Kochen Sie die Früchte gefroren auf.

Einfrieren von Obst für Marmelade und Gelee

Portionieren Sie das für Marmelade bestimmte Obst in abgewogene Mengen, geben Sie zusätzlich 50 g pro 500 g Früchte hinzu, um den leichten Mengenverlust beim Einfrieren auszugleichen. Frieren Sie sie, wie oben, als Trockenpackung ein, oder kochen Sie bei Platzmangel die Früchte ohne Zucker und frieren sie als Block ein. (siehe S. 48/49). Vermerken Sie das Gewicht und die benötigte Zuckermenge auf dem Etikett.

Orangen für Orangengelee wickelt man in Folie und legt sie in Gefrierbeutel. Etikettieren, kühlen und einfrieren.

Einfrieren von Gemüse und Kräutern

Nur junges Gemüse von bester Qualität sollte eingefroren werden. Reifes Gemüse kann zu Suppenpackungen oder als Trockenpackung verwendet werden. Am besten friert man Gemüse so rasch wie möglich nach dem Pflücken. Wenn man es länger als zwei Wochen aufbewahren will, sollte es gedünstet oder blanchiert werden. Beim Blanchieren werden die Enzyme zerstört, die die Verfärbung und den Verlust an Geschmack und wertvollem Vitamin C im Gemüse bewirken. Beim Blanchieren taucht man das Gemüse in kochendes Wasser, nimmt es nach wenigen Minuten heraus und kühlt es rasch ab.

Ausrüstung

Messer Um Verfärbungen zu vermeiden benutzt man rostfreie Stahlmesser zum Zubereiten des Gemüses.

Blanchierkorb Im Handel für Tiefkühlzubehör sind spezielle Drahtkörbe erhältlich. Kaufen Sie einen zusammenklappbaren Korb, wenn Sie nur wenig Platz haben. Ein großmaschiges Einkaufsnetz aus Nylon oder ein Winzersieb sind ebenfalls verwendbar. Benutzen Sie den Korb oder den Beutel ausschließlich zum Blanchieren, und waschen Sie ihn vor und nach dem Gebrauch gründlich aus. Die gelochten Einsatzsiebe eines Dampfkochtopfes sind gleichfalls geeignet.

Benutzen Sie zum Blanchieren entweder einen faltbaren Korb, ein Nylonnetz oder ein Winzersieb.

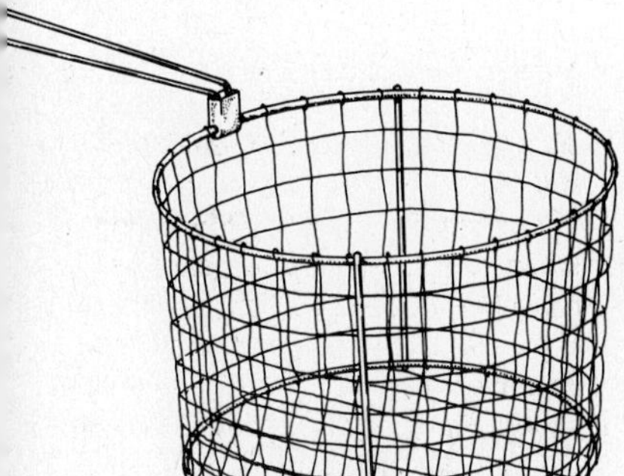

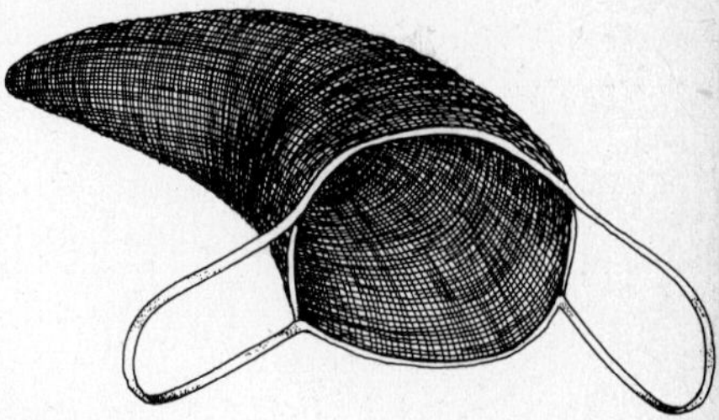

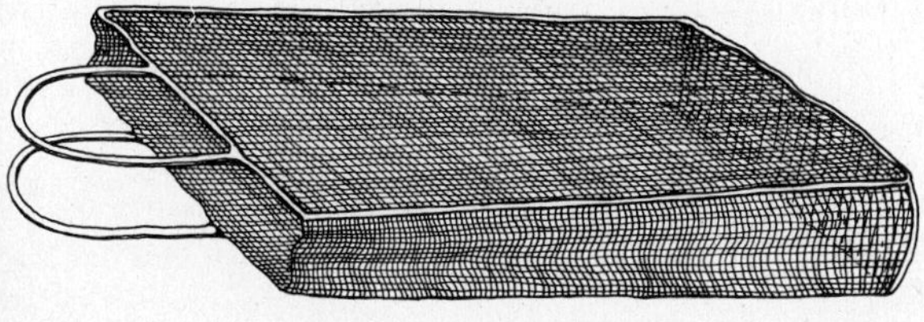

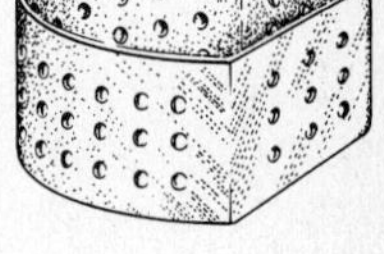

Grundmethode für das Einfrieren von Gemüse

1 Schalten Sie den Schnellgefrierschalter einige Stunden vorher ein. Um Geschmacksverluste zu vermeiden werden Stangenbohnen kleingeschnitten.

2 Blanchieren Sie jeweils $^1/_2$ kg Gemüse in kochendem Wasser (Zeitangaben siehe auf der Tabelle S. 111).

3 In Eiswasser genausolange abkühlen.

4 Abtropfen lassen, auf einem sauberen Küchentuch ausbreiten und trokkentupfen.

5 Zum offenen Einfrieren auf einem Metalltablett in einer Lage auslegen und ins Gefrierfach stellen.

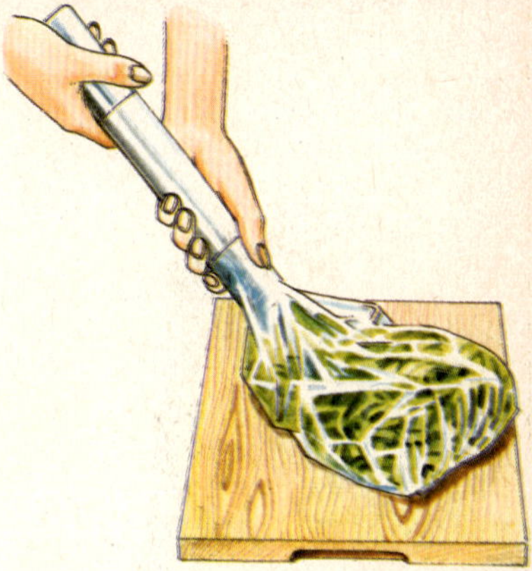

7 Bei Gefrierbeuteln die üblichen Mengen abpacken, die Luft mit einem Röhrchen oder einer Vakuumpumpe entfernen, dann den Beutel verschließen und etikettieren.

6 In Kunststoffbehälter oder Gefrierbeutel einfüllen.

8 Legen Sie die Beutel in den kältesten Teil des Gefriergerätes, und trennen Sie sie bis zum Durchfrieren vom übrigen Gefriergut.

Kochtopf Benötigt wird ein großer Kochtopf, in dem außer 3 bis 4 Liter Wasser noch genügend Platz für das Blanchiergut vorhanden ist. Ein Einkochtopf oder ein Dampfkochtopf können gleichfalls verwendet werden.
Tabletts Man verwendet sie zum offenen Einfrieren für Packungen, aus denen kleinere Mengen entnommen werden können. Benutzen Sie zum möglichst raschen Einfrieren Metalltabletts (achten Sie darauf, daß sie auch in den Kühlschrank zum Abkühlen passen).
Eiswürfelschale Zum Einfrieren gehackter Kräuter.
Fettstift Zum Beschriften der Beutel und Behälter.

Verpacken

Gefrierbeutel Geeignet für sehr feste Gemüsesorten; die größeren können auch für offene Packungen benutzt werden.
Behälter Man benutzt sie bei empfindlichen Gemüsesorten wie Brokkoli und Spargel. Große Eiscremebehälter eignen sich ideal für offene Gemüsepackungen. Benutzen Sie rechteckige oder quadratische Behälter, um Gemüsepüree für Suppen in Blocks einzufrieren.

Zerreiben Sie die Blätter frisch eingefrorener Kräuter über das gekochte Gemüse.

Einfrieren von Kräutern

1 Füllen Sie die frischen Kräuter, ohne sie zu blanchieren, in Gefrierbeutel. Zerdrücken Sie die gefrorenen Blätter vor dem Gebrauch.

2 Füllen Sie die Eiswürfelschale mit gehackten Kräutern und gießen Sie Wasser darauf. Sie können die Kräuter auch rasch in einer Küchenmaschine mit etwas Wasser zerkleinern. Lagern Sie die gefrorenen Würfel in Gefrierbeuteln. Gefroren in Suppen, Eintopfgerichte und Soßen geben.

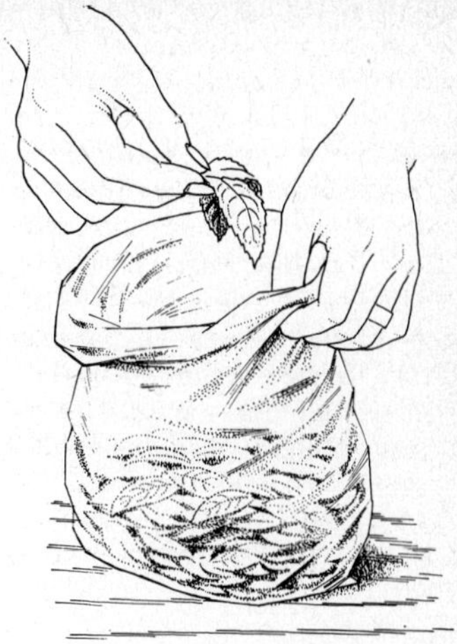

Probleme bei eingefrorenem Gemüse und Kräutern

Eis in der Packung *Durch Temperaturschwankungen verursacht. War der Gefrierbeutel nicht dicht?*

Eingeschrumpftes Gemüse *In den Beutel ist Luft eingedrungen und hat das Austrocknen verursacht.*

Fader Geschmack *Das Gemüse war nicht genügend blanchiert oder wurde zu lang gelagert.*

Verfärbtes Gemüse *Das Gemüse wurde entweder zu lang oder zu kurz blanchiert.*

Weiches Gemüse *Das Gemüse wurde zu stark blanchiert.*

Muffige Kräuter *Die Kräuter wurden zu lang gelagert.*

Verfärbte Kräuter *Die Kräuter wurden zu lang gelagert (blanchieren, falls eine längere Lagerung vorgesehen ist).*

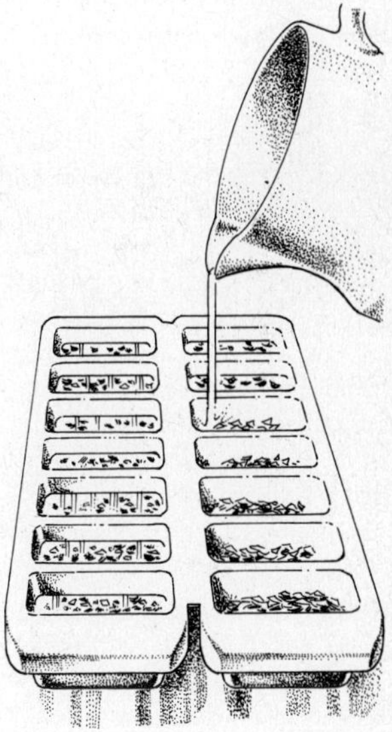

Einfrieren von Molkereiprodukten und Eiern

Molkereiprodukte sind das ganze Jahr über erhältlich und können ziemlich lange Zeit im Kühlschrank aufbewahrt werden. Wenn wenig Platz vorhanden ist, lohnt es sich kaum, sie einzufrieren; wenn Sie allerdings Platz haben, kann ein Grundvorrat recht nützlich sein, besonders wenn Sie die Lebensmittel zum Sonderpreis einkaufen. Sie vermeiden Verluste, wenn Sie übriggebliebenes Eigelb und Eiweiß einfrieren, oder Käsestücke von einer Partyplatte.

Schlagen Sie die Eier auf und frieren Sie Dotter und Eiweiß getrennt ein.

Verpacken

Benutzen Sie kleine Plastikbecher oder gewachste Behälter, Haft- oder Alufolie. Auch saubere Sahne- und Joghurtbecher können verwendet werden.

Methoden für das Einfrieren von Eiern und Milchprodukten

Eier (ganz) Eier zerplatzen, wenn sie in der Schale eingefroren werden. Verrühren Sie die aufgeschlagenen Eier in den üblichen Mengen: 45 ml (3 Eßlöffel) geschlagener Eimasse entspricht einem ganzen Ei.

Eiweiß In viereckigen Kunststoffbehältern einfrieren oder einzeln in den Mulden einer Eierdose oder in kleinen 50 g vakuumverschließbaren Dosen. Herausnehmen und in einem Gefrierbeutel aufbewahren.

Eigelb Es muß mit Salz oder Zucker vermischt werden. Geben Sie 2,5 ml (1/2 gestrichener Teelöffel) Salz oder 5 ml (1 gestrichener Teelöffel) Zucker je Eigelb zu und verrühren Sie gut. Wie Eiweiß verpacken.

Sahne Frieren Sie nur pasteurisierte Sahne mit 40 Prozent Milchfettgehalt ein, ungeschlagen oder als Schlagsahne, geschlagene Sahne möglichst süßen. Man kann die Schlagsahne in Rosetten auf ein mit Alufolie belegtes Backblech spritzen, offen einfrieren und in Dosen verpacken. Noch gefroren auf das Gebäck geben.

Saure Sahne Besser nicht einfrieren.

Butter Wickeln Sie die Butter vor dem Einfrieren in Haft-oder Alufolie.

Käse Weichkäse wie Brie, Camembert und Edelpilzkäse gut in Folie oder Alufolie verpackt einfrieren. Das Einfrieren verzögert den Reifeprozeß, achten Sie deshalb darauf, daß der Käse die volle Reife erlangt hat (er reift schnell, wenn man ihn einige Tage in einen gut gelüfteten Schrank legt). Voll- und halbfette weiche Käsesorten werden bröckelig, können aber noch zu Käsegebäck verwendet werden. Hartkäse zerbröselt beim Einfrieren, frieren Sie deshalb geriebenen Käse zum Kochen in einem Beutel ein. Aufgetauten Käse rasch verbrauchen. (Es kann vorkommen, daß der Käse durch das Einfrieren an Aroma verliert.)

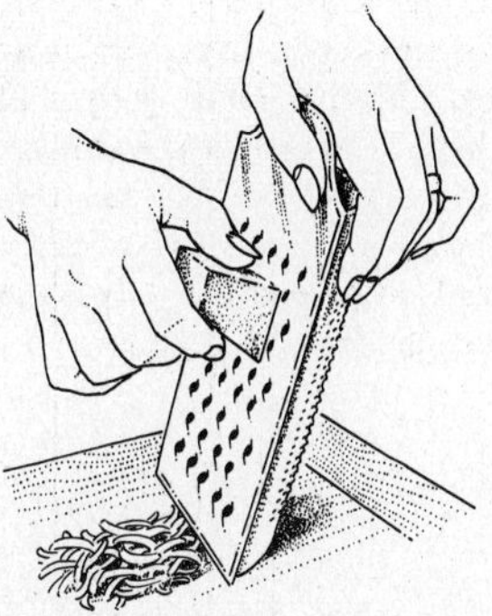

Eiscreme Umwickeln Sie fertig gekaufte Eiscremepackungen mit Haft- oder Alufolie. Füllen Sie hausgemachtes Speiseeis und Sorbet in Kunststoffbehälter.

Joghurt Hausgemachter Joghurt läßt sich nicht gut einfrieren. Manche Joghurtsorten aus dem Handel eignen sich dafür.

Milch Es lohnt sich nicht, Milch einzufrieren, außer man will einen Rest aufheben. Haltbare Milch ist besser und spart Platz im Gefriergerät. Frieren Sie nur homogenisierte Milch in Packungen ein, einfache pasteurisierte Milch wird beim Auftauen flockig.

Einfrieren von Fleisch, Geflügel und Wild

Ausrüstung
Zum Ausbeinen und Vorbereiten der Fleischstücke braucht man scharfe **Messer**. Bitten Sie Ihren Fleischer, die Stücke gleich passend zurechtzuschneiden. Eine kleine Säge tut gute Dienste beim Abschneiden vorstehender Knochen, etwa der Wirbelknochen beim Lamm.

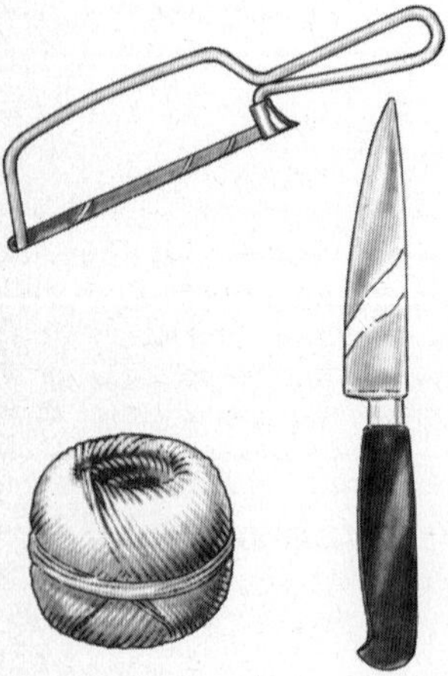

Verpacken

Haftfolie Zum Einwickeln von Fleischstücken und Geflügel.

Folienblätter oder Fettpapier Zum Trennen der einzelnen Fleischscheiben.

Alufolie Zum Einwickeln von Koteletts, Schnitzeln, Steaks und Hühnerteilen.

Kunststofftabletts Zum Stapeln von Koteletts und Hühnerteilen.

Vorbereiten des Fleisches zum Einfrieren
Frieren Sie nicht mehr als 1 kg pro 30 l Gefrierraum innerhalb von 24 Stunden ein. Schneiden Sie möglichst alles Fett weg, denn Fett wird schnell ranzig und verringert die Lagerzeit des Fleisches. Aus diesem Grund halten sich magere Fleischsorten wie Rinderkeulen länger als fetter Schweinebauch. Schneiden Sie das Fleisch in gebrauchsfertige Portionen und lösen Sie die Knochen möglichst heraus, da sie viel wertvollen Platz wegnehmen.

Auslösen der Knochen
Fleisch mit einem hohen Knochenanteil wie Nacken sollte vorher gegart werden, damit sich die Knochen leichter herauslösen lassen. Benutzen Sie eine kleine Säge zum Abschneiden vorstehender Knochen. Lösen Sie die Knochen heraus, wickeln Sie die Fleischstücke zur Rolle mit einer Füllung. Besonders die Hals- und Schulterstücke vom Lamm und Schweinekamm sind dafür geeignet. Würzen Sie die Füllung schwach: Kräuter und Gewürze verstärken ihren Geschmack während der Lagerzeit. Braten Sie die Knochen an und kochen Sie im Schnellkochtopf Fleischbrühe daraus (siehe S. 60). Umwickeln Sie das Fleisch mit dünner Schnur, die mit einem Fleischerknoten abgebunden wird. In übliche Portionsstücke schneiden.

Einwickeln Bedecken Sie vorstehende Knochen mit einem Folienblatt, und wickeln Sie das Fleisch dann in Alufolie, Kunststoff- oder Haftfolie ein, um es soweit wie möglich von der

Luft abzuschließen. Falten Sie die Folienränder mehrfach übereinander, so daß sie dicht schließen. Schlagen Sie die Seiten hoch, dann die Packung mit Klebeband verschließen, etikettieren, kühlen und einfrieren.

Koteletts, Schnitzel, Steaks Durch Folienblätter trennen und in Alufolie verpacken. Nehmen Sie jeweils die entsprechenden Mengen für eine Familienmahlzeit.

Wickeln Sie panierte Schnitzel in Haftfolie und drücken Sie die Luft vor dem Verschließen aus der Packung heraus.

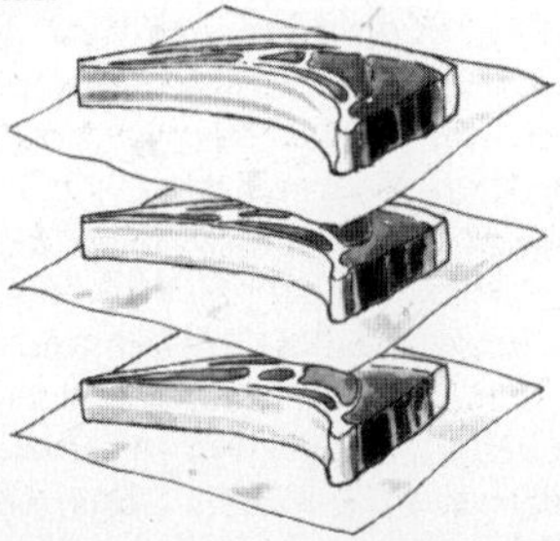

Hackfleisch Packen Sie die für die entsprechende Anzahl Portionen benötigte Menge in Gefrierbeutel. Um Platz zu sparen, drückt man die Pakkungen in längliche Behälter und formt sie zu »Ziegeln«. Herausnehmen und mit Haftfolie umwickeln, in größere Beutel legen.

Schmorfleisch Entfernen Sie überschüssiges Fett und Knorpel, dann in Scheiben schneiden. Die übliche Menge für die gewünschte Anzahl Portionen in Gefrierbeutel füllen. Wie bei Hackfleisch in Behälter drücken, um sie platzsparend einfrieren zu können. Nehmen Sie flache Packungen zum leichteren Auftauen. Das Fleisch vor dem Garen auftauen. Frieren Sie Nieren gesondert ein.

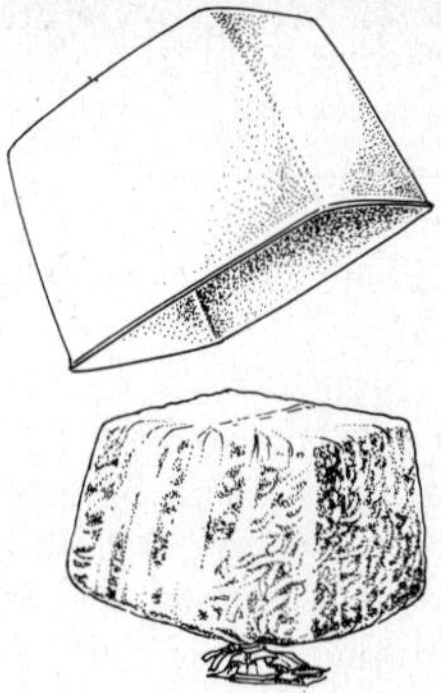

Ein in Haftfolie gewickelter »Block« aus Hackfleisch in einem Gefrierbeutel.

Einfrieren von Innereien

Nur ganz frisch einfrieren. Waschen und gut abtrocknen, die Röhren entfernen. Leberscheiben durch Folienblätter trennen. In kleinen Mengen einfrieren. Kutteln müssen vor dem Einfrieren geputzt werden. Herzen gesondert in Haftfolie verpacken.

Einfrieren von Geflügel

Ganze Tiere Vorbereiten und ausnehmen, dann mit Küchenpapier saubertupfen. Geflügel dressiert man mit dünnem Bindfaden (Beine zusammenbinden, Flügel unter den Rücken des Vogels drehen und im Gelenk festbinden).

Die Beinknochen mit Folie oder Fettpapier umwickeln, dann den Vogel in einen Gefrierbeutel legen und die Luft daraus entfernen. Für Lagerzeiten unter 3 Monaten packen Sie die Innereien gesondert in Haftfolie und legen sie dem Vogel bei. Für längere Lagerzeiten getrennt einfrieren, auch die Füllung gesondert einfrieren. Als Vor-

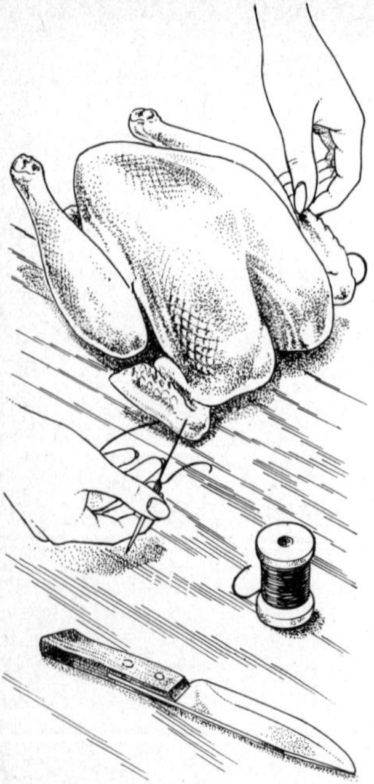

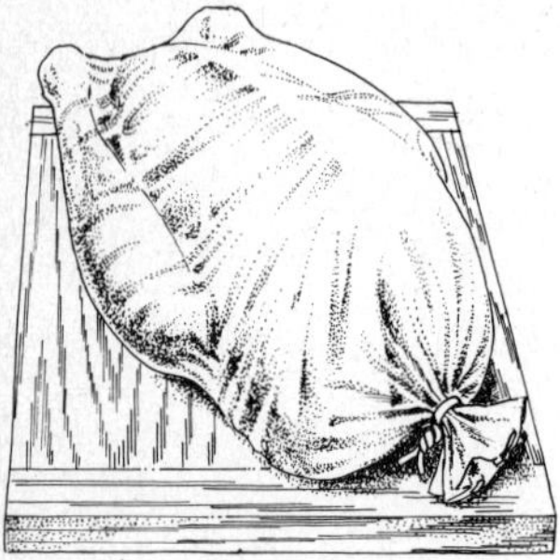

bereitung für einen Besuch kann man ganze Hühner und Truthühner entbeinen, füllen und so einfrieren, darf sie aber nicht länger als einen Monat lagern.

Geflügelteile Wickeln Sie scharfe Knochen ein, dann die Teile einzeln in Haftfolie verpacken und in einen Gefrierbeutel legen. Um Löcher im Beutel zu vermeiden, die Beine durch Manschetten schützen. Bei wenig Platz die Geflügelteile entbeinen.

Einfrieren von Wild

Wildgeflügel Wildvögel (Fasan, Rebhuhn, Moorhuhn, Waldschnepfe, Wildente oder Waldtaube) mindestens vier Tage ungerupft am Hals hängen lassen, dann ausnehmen und dressieren. Bei sehr kaltem Wetter kann man sie auch länger hängen lassen, falls man einen kräftigen Wildgeschmack bevorzugt. Während des Gefrierens verstärkt sich der Geschmack nicht mehr. Einpacken wie anderes Geflügel, Innereien jedoch nicht mit einfrieren. Abgehangene Wildvögel vor dem Einfrieren garen.

Kaninchen Ausgeweidet noch einen Tag hängen lassen, dann zerlegen, die Stücke in Haftfolie wickeln und in Gefrierbeutel legen.

Hase Ausgeweidet zwei Tage hängen lassen. Einfrieren wie Kaninchen. Frieren Sie Blut in einem Kunststoffbehälter für »Hasenpfeffer« oder eine Wildsuppe ein.

Wildbret Den Rumpf fünf Tage hängen lassen. Die Bratenstücke in Haftfolie verpacken, die anderen Teile garen.

Vorbereitung eines Lammrückens zum Einfrieren

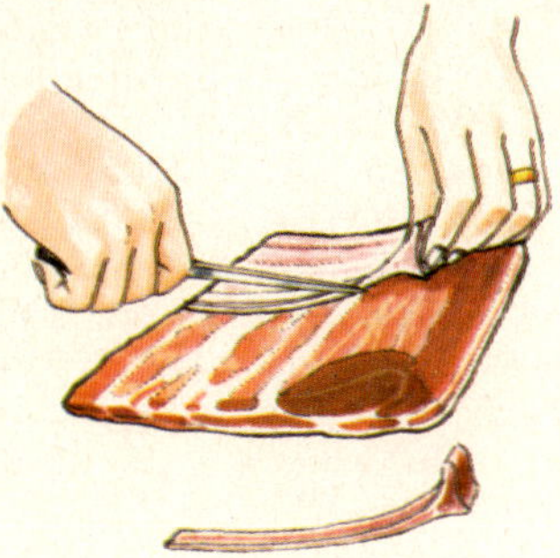

1 Knochen aus dem Fleischstück lösen.

2 Die Füllung (siehe S. 72) in einer Rolle auf das Fleisch legen.

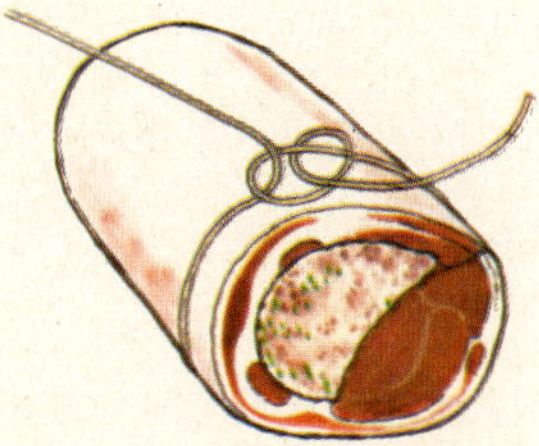

3 Aufrollen und mit Fleischerknoten verknüpfen.
Die Schnur um das Fleischstück legen, ein Ende um das andere schlingen und verknoten.

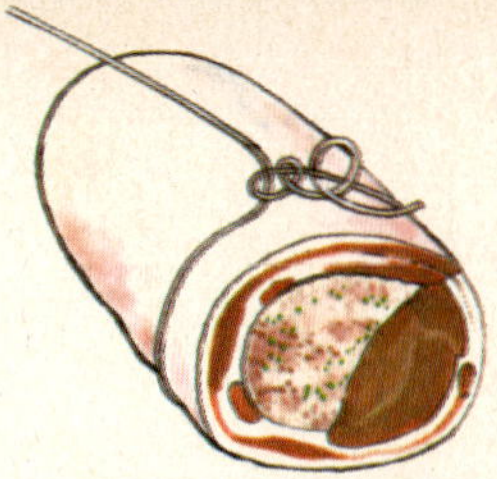

4 Einen zweiten Knoten knüpfen und fest anziehen.

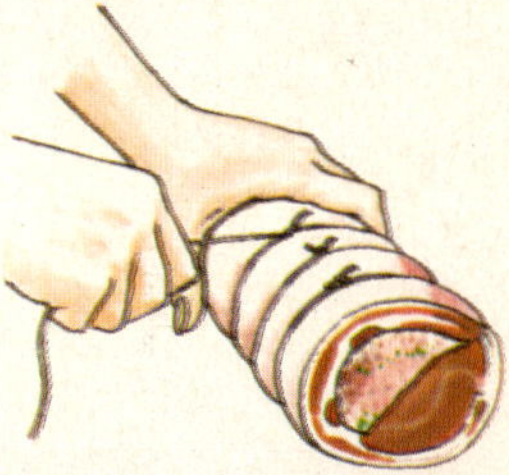

5 Das andere Schnurende in gleicher Weise mit Knoten befestigen.

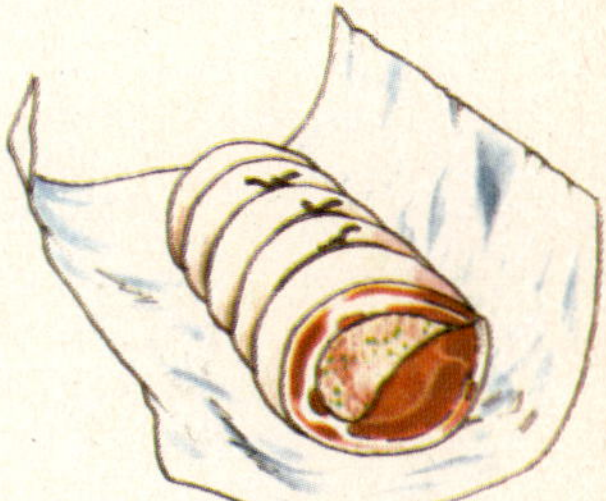

6 Das Fleisch in Folie wickeln.

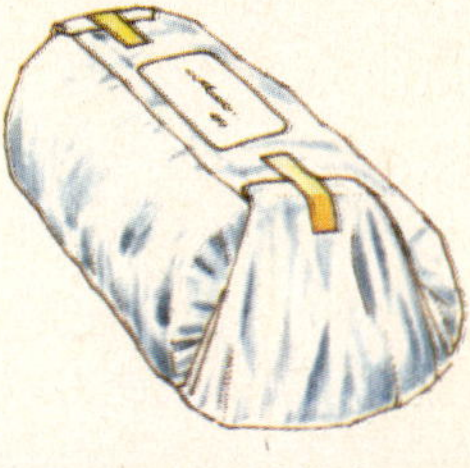

7 Die Folie mit gefrierbeständigem Klebeband verschließen, Etikett aufkleben. Kühlen und einfrieren.

Einfrieren von Fisch und Schalentieren

Nur fangfrische Fische dürfen eingefroren werden, da sie sehr rasch verderben. Das bedeutet, daß Sie die Fangzeit wissen müssen, um den Fisch innerhalb von vierundzwanzig Stunden einzufrieren. Im Handel gekaufter Fisch wird am besten als Fischpastete eingefroren. Schalentiere sind noch leichter verderblich und können nur dann unbesorgt eingefroren werden, wenn man weiß, daß sie aus zuverlässiger Quelle stammen.

Vorbereitung von Fisch
Um den Verderb zu vermeiden, muß der Fisch möglichst rasch getötet und ausgenommen werden. An heißen Tagen sollte er in einer Kühltasche aufbewahrt werden.
Den Fisch entschuppen, Flossen, Schwanz und Kopf wie zum Kochen abschneiden.
Filet und Steaks Bereiten Sie eine Salzlösung aus 30 ml (1 gehäufter Eßlöffel) Salz in 1 Liter abgekühltem Wasser. Legen Sie die Stücke einzeln

ein, zählen Sie bis zwanzig und legen Sie dann die Stücke zum Abtropfen auf einen Rost. Das Fleisch wird dadurch fester. Füllen Sie genügend Stücke für eine Mahlzeit in jede Packung, trennen Sie die Fischfilets oder Steaks durch Folienblätter und pakken Sie sie in Folie oder einen Gefrierbeutel. Die Luft sorgfältig aus der Packung entfernen, dann abkühlen, etikettieren und einfrieren.

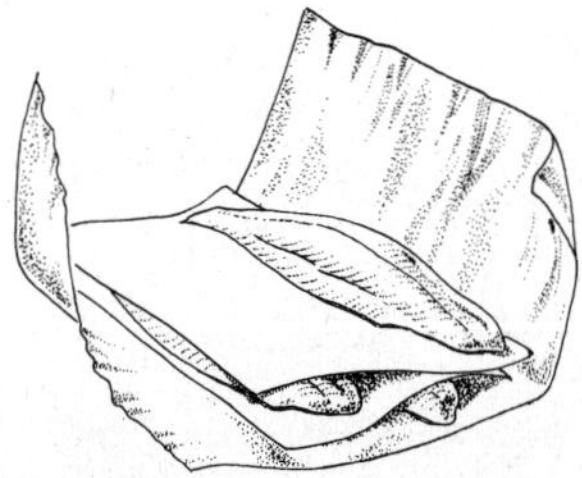

Statt dessen kann man den Fisch auch in Mehl, Ei und gerösteten Semmelbröseln wälzen wie zum Ausbacken. Die Filetstücke durch Folienblätter trennen.
Ganze Fische Ein großer ganzer Lachs kann zum Höhepunkt eines Festmahls werden. Aber auch ein ganzer Dorsch oder Schellfisch ergeben eine vorzügliche Mahlzeit. Auch frisch gefangene Forellen können auf diese Weise eingefroren werden. Entschuppen und ausnehmen, aber den Kopf am Fisch belassen.
Glasieren Das bedeutet einfach, den Fisch durch Überziehen mit einer Eisschicht zu schützen. Besonders bei Edelfischen zu empfehlen. Kühlen Sie

den Fisch und frieren Sie ihn so rasch wie möglich offen im kältesten Teil des Gefriergerätes ein. Stellen Sie eine Schale mit Eiswasser bereit, die genügend groß sein muß, um den ganzen Fisch einzutauchen. Nach dem Eintauchen bildet sich auf der Oberfläche des Fisches eine Eisschicht. Den Fisch für eine Stunde ins Gefrierfach zurücklegen und den Vorgang mehrmals wiederholen. Dann in Haftfolie oder in spezielle Fischbeutel verpacken, wenn die Lagerzeit mehr als zwei Wochen betragen soll.

Fette Fische

Zu den fetten Fischen gehören Hering, Makrele und Forelle. Tauchen Sie die Filets und Steaks vor dem Einfrieren in eine Ascorbinsäure-Lösung (Vitamin C) statt in eine Salzlösung. Nehmen Sie dazu 20 ml (2 gehäufte Teelöffel) Ascorbinsäure auf je 1 Liter Wasser.

Im Ganzen einfrieren Vorbereiten wie zum Kochen, Kopf, Flossen und Rückgrat entfernen. Fest in Haft- oder Alufolie einwickeln. Garen Sie den Fisch in der Alufolie durch Überbacken oder Grillen.

Schalentiere

Zubereiten und garen wie zum sofortigen Gebrauch.

Krebse Helles und dunkles Fleisch getrennt verpacken, die gesäuberten Scheren und ein paar kleine Beine zum späteren Garnieren getrennt einfrieren.

Hummer und Langusten Wie Krebse behandeln.

Garnelen und Krabben Kochen, Köpfe und Schalen entfernen. Ein paar Tiere mit Schale zum Garnieren getrennt einfrieren.

Muscheln Lösen Sie die gekochten Muscheln aus den Schalen; in Kunststoffbehälter verpacken und mit dem eigenen Sud übergießen.

Einfrieren von Backwaren

Die Herstellung von zwei Kuchen dauert fast genausolange wie die von einem, und das Backen von zwei Kuchen gleichzeitig nutzt die Ofenhitze rationell aus. Es lohnt sich also, auf Vorrat zu backen. Auch Großeinkäufe zahlen sich aus, besonders wenn Sie die Backwaren am Tagesende billiger bekommen. Fast jedes Gebäck eignet sich zum Einfrieren, manche Sorten werden durch Gefrieren sogar besser.

Brot
Gestatten Sie sich den Luxus, immer frisches Brot in Ihrem Gefriergerät bereit zu haben. Tauen Sie täglich Ihren Bedarf auf, denken Sie aber dabei auch an unerwartete Gäste und halten Sie immer einige Brotscheiben auf Vorrat, die rasch aufgetaut oder gefroren verwendet werden können.

Brot vom Bäcker Lagern Sie eine Auswahl verschiedener Brotlaibe ein, dazu in Scheiben geschnittenes Brot zum sofortigen Gebrauch. Trennen Sie die Brot- oder Toastbrotscheiben und backen Sie sie auf oder lassen Sie sie 10 Minuten auftauen.

Brötchen Bei knusprigen Brötchen löst sich die Kruste beim Auftauen, weiche Brötchen hingegen lassen sich sehr gut einfrieren. Man packt sie so dicht wie möglich in Gefrierbeutel. Bei Weichbrötchen erweist sich eine Vakuumpumpe als besonders nützlich, da sie nicht nur die Luft um die Brötchen aus dem Beutel, sondern auch aus der weichen Krume herauszieht, so daß der Platzbedarf geringer wird. Sobald es aus dem Beutel genommen wird, erhält das Backwerk seine Gestalt wieder. Wickeln Sie Weißbrot in Haftfolie oder legen Sie es in Gefrierbeutel. Auch Wachspapier genügt für eine Lagerung von nicht mehr als zwei Wochen; für längere Lagerzeiten in Gefrierbeutel legen. Auch vorgebackene Brötchen und Brote sind zum Einfrieren geeignet.

Selbstgebackenes Brot Wenn Sie Ihr Brot selber backen, zahlt sich Ihr Gefriergerät besonders gut aus. Vor allem lohnt es sich, Brötchen zu backen. Probieren Sie verschiedene Brotsorten aus, vermischen Sie Weißmehl und Vollkornmehl und geben Sie Eier und Milch zu, um gehaltvolle Brote mit weicher Krume zu erhalten. Brötchen lassen sich auch besonders wirkungsvoll in verschiedenen Formen gestalten. Formen Sie Zöpfe, winzige Bauernbrote, Kränze, Kleeblätter und Knoten, und versuchen Sie aus Brotteig halb vorgebackene Brötchen zum Einfrieren zu machen (siehe S. 96).

Pizzaböden Nehmen Sie vom Teig einige Stücke für Pizzaböden ab (siehe S. 97), die Sie gut eingepackt getrennt einfrieren.

Hefeteig Man kann den rohen Teig gleich nach dem ersten Durchkneten einfrieren. Verpacken Sie ihn in einen geölten Gefrierbeutel und lassen Sie etwas Platz zum Aufgehen (die Hefe treibt den Teig bis zum völligen Durchfrieren auf). Da beim Einfrieren ein Teil der Hefezellen zugrunde geht, nehmen Sie die doppelte Menge Hefe von der im Rezept angegebenen, falls Sie den Teig roh einfrieren wollen. Günstiger ist es jedoch, den Teig ganz oder zum Teil durchzubacken, statt ihn roh einzufrieren.

Paniermehl (Semmelmehl) Verbrauchen Sie Brotreste, indem Sie daraus Semmelmehl machen und in Gefrierbeuteln aufbewahren. Es ist immer gut, einen Vorrat an Semmelmehl im Gefriergerät zu haben, da man es auch gefroren verwenden kann.

Gebäck

Alle Gebäcksorten eignen sich zum Einfrieren. Zum leichteren Auftauen in dünnen Schichten einfrieren.

Kleingebäck Frieren Sie die fertige Teigmischung in Gefrierbeuteln ein. Bei Bedarf können sie gefroren verwendet werden. Fertiges Gebäck wie Wurst- und Obstpasteten werden besser nach dem Formen gefroren. Zunächst offen auf Metallplatten einfrieren, dann gefroren in Behälter verpacken. Noch gefroren glasieren und aufbacken, dabei 10 Minuten länger backen als gewöhnlich. Fetter Mürbeteig, wie man ihn zu Obstpasteten oder Tortenböden verwendet, wird am besten vor dem Einfrieren gefüllt und gebacken, da man die zerbrechlichen Teigstücke kaum in rohem Zustand unversehrt aus der Form herausbekommt.

Böden für Obsttorten Ungebacken in einer Springform offen einfrieren, dann aus der Form nehmen und in Folie wickeln. Zum Backen in die Form zurücklegen, füllen und noch gefroren aufbacken. Man kann auch gefüllte Obsttorten, roh oder gebacken, einfrieren.

Blätterteigpasteten Selbstgemachter Blätterteig kann roh oder gebacken eingefroren werden. Gekaufter Blätterteig kann nach dem Formen und Backen neu eingefroren werden. Wenn genügend Platz vorhanden ist, können gebackene und gefüllte Windbeutel eingefroren werden. Unaufgetaut erhitzen.

Brandteig Backen und füllen Sie die Eclairs und Obstrollen vor dem Einfrieren. Nehmen Sie dazu gesüßte Schlagsahne. Eclairs können mit Eis gefüllt offen eingefroren werden. Pakken Sie zu den Brandteigrollen in den Gefrierbeuteln noch einen getrennt gefrorenen Beutel mit Schockoladensoße.

Rührkuchen und Torten

Alle Sorten Feingebäck lassen sich gut einfrieren, doch lohnt es sich nicht, den Gefrierraum mit haltbarem Gebäck, wie fettem Früchtekuchen, zu füllen.

Einfache Kuchen In Gefrierbeutel verpacken.

Eistorten Offen einfrieren vor dem Verpacken, vor dem Auftauen aus der Verpackung nehmen.

Gefüllte Kuchen Durch Fettpapier getrennt in Gefrierbeuteln verpacken. Nach dem Gefrieren mit Marmelade füllen. Mit Butter- oder Sahnecreme gefüllte Kuchen oder Torten können vor dem Einfrieren gefüllt werden.

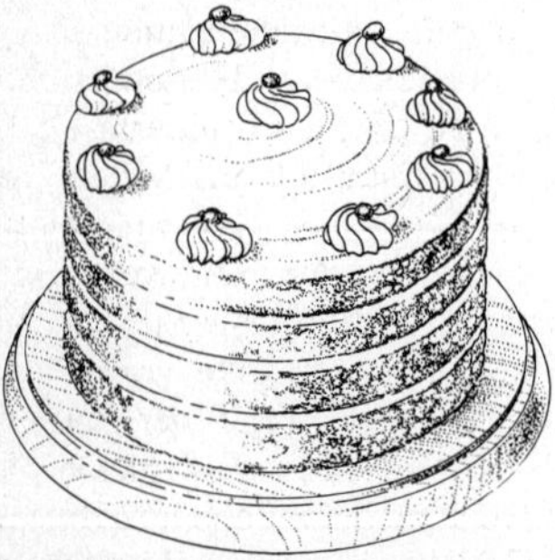

Biskuitrolle Noch heiß, aber ungefüllt mitsamt dem Papier aufrollen. Nach dem Abkühlen das Papier abziehen, dann mit Milcheis oder Sahnecreme füllen und einfrieren. Mit Konfitüre erst nach dem Auftauen füllen.

Obstkuchen Gefüllt, aber ohne Belag einfrieren, falls eine Sahne- und Obstgarnierung vorgesehen ist. Eistorten können offen eingefroren und vor dem Verpacken in dem Behälter dekoriert werden. Packen Sie gefrorene Sahnetupfer zum Dekorieren gesondert ein. Noch gefroren auf die Torte legen und langsam auftauen lassen.

Kekse und Plätzchen Roh oder gebacken einfrieren. Den rohen Teig formt man am besten zu einer Rolle, wickelt sie in Haftfolie und läßt sie vor dem Backen antauen, ehe man sie in Scheiben schneidet.

Meringen Sie brauchen nicht eingefroren zu werden, da sie sich bis zu vier Wochen in einer Blechdose halten. Sie können zwar eingefroren werden, müssen aber wegen ihrer Zerbrechlichkeit in Behälter verpackt werden. Es lohnt sich aber, mit Butter- oder Eiscreme gefüllte Meringen einzufrieren.

Einfrieren von Fertiggerichten

Wer tagsüber berufstätig ist, möchte gewöhnlich die Vorräte im Gefriergerät soweit fertig wie möglich haben. Wenn man größere Mengen zubereitet, kann man die vorbereitete Mahlzeit dem Gefriergerät entnehmen, in den Backofen stellen, den Automatikschalter einstellen und findet eine fertige Mahlzeit vor, wenn man von der Arbeit nach Hause kommt. Beim Einfrieren von Fertiggerichten muß man die Kochzeit verkürzen, auch sollte man weniger Kräuter und Gewürze zugeben. Gerichte, die Kartoffeln, Reis oder Nudeln enthalten, eignen sich besonders zum Einlagern.

Verpacken

Gefrierbeutel aus Kunststoffolie Sie sind sehr billig, aber für Flüssigkeiten weniger geeignet, wenn man sie nicht irgendwie in eine handliche Form bringt.

Feste Kunststoffbehälter Sie sind teuer, aber sehr haltbar. Wenn man darin vorgeformte Packungen herstellt, braucht man nicht viele davon.

Teller und Formen aus Alufolie Zu verwenden für Gerichte, die erwärmt oder aufgebacken werden.

Kochbeutel Aus besonders hitzebeständiger Folie hergestellt; man kann das Gefriergut darin einfrieren und bei Bedarf unaufgetaut in einem Topf mit Wasser erhitzen.

Suppen

Gemüsesuppen lassen sich gut einfrieren, gebundene Suppen dickt man am besten mit Maismehl an. Während des Erhitzens mit einem Schneebesen schlagen, damit sich keine Klümpchen bilden. In vorgeformten Packungen einfrieren.

Fleischgerichte

Z. B. Lasagne und Moussaka (griechische Hackfleischpastete mit Gemüse) können backfertig zubereitet werden. Behälter aus Alufolie eignen sich gut zur Einlagerung von Fleischgerichten. Man kann aber auch feuerfestes Geschirr mit Alufolie auskleiden; nach dem Garen und Gefrieren nimmt man das Fleisch heraus und verpackt es nochmals in eine Folienschicht. Etikettieren Sie die Folie vorher (vermerken Sie die Anzahl der Portionen und Anweisungen zum Erhitzen). Vor dem Gebrauch die Folie abziehen und das Gericht in die Geschirrform zurücklegen. In den kalten Backherd setzen, bei mittlerer Hitze eine Stunde aufbacken. Man kann das Gericht auch auftauen und nach Rezept zubereiten.

Eintopfgerichte Auftauen und in einem Topf erhitzen oder im ursprünglichen Geschirr auftauen und erhitzen. Man kann Eintopfgerichte auch unaufgetaut erhitzen, es dauert jedoch lange und erfordert viel Heizenergie.

Schmorfleisch Für warme Speisen das in Scheiben geschnittene Schmorfleisch in Behälter packen. Mit Bratensoße übergießen, damit es nicht austrocknet.

Für kalten Braten trennt man die Scheiben durch Folienblätter und wikkelt sie dicht in Alu- oder Haftfolie ein.

Grundmethoden zur Herstellung vorgeformter Packungen

1. Methode

1 Kleiden Sie eine quadratische oder viereckige Dose mit einem Gefrierbeutel aus – eine leere Zuckerdose eignet sich hervorragend.

2 Die Flüssigkeit einfüllen, dabei auf Kopfraum achten.

3 Mit Drahtclips verschließen, kühlen, dann einfrieren. Den gefrorenen Block aus der Dose nehmen.

4 Etikettieren und in das Gefriergerät einlagern.

2. Methode

1 Starre, geradwandige Kunststoffbehälter sind optimal für vorgeformte Packungen geeignet. Man braucht die Behälter nicht auszukleiden. Die Speise einfüllen, auf genügend Raum zum Ausdehnen achten, zudecken und einfrieren.

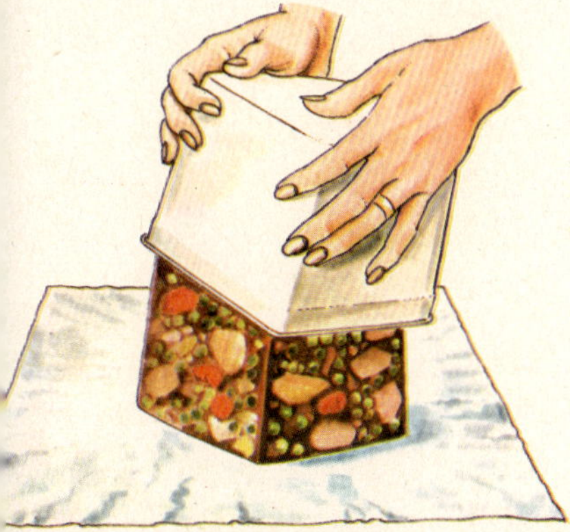

2 Drücken Sie den Block mit den Daumen von unten aus dem Behälter.

3 Den Block mit Haftfolie umwickeln, zum Einlagern in einen Gefrierbeutel geben.

4 Wenn Sie einen speziellen Kochbeutel benutzt haben, können Sie ihn in einen Topf mit kochendem Wasser geben und köcheln lassen, bis die Speise aufgetaut und erhitzt ist.

Hackbraten und Pasteten Sie lassen sich gut einfrieren. Nehmen Sie den Hackbraten aus der Form und wickeln Sie ihn in Alufolie. Fertige Pasteten in der Form einfrieren, nach dem Auftauen glasieren und dekorieren.

Nachspeisen

Aufläufe In feuerfester Glasform einfrieren oder die Form mit Alufolie auskleiden. Einfrieren, aus der Form herausnehmen und zum Einlagern in Alufolie wickeln. Vor dem Essen die Alufolie entfernen und in der Auflaufform auftauen lassen.
Schaumcremes In besonderen Kunststoffbechern oder Geleeförmchen einfrieren. Vor dem Gebrauch stürzen und langsam auftauen lassen.
Gelee Es eignet sich nicht zum Einfrieren. Geleespeisen werden flockig und geben die Flüssigkeit ab, da die Eiskristalle die Struktur zerstören. Aufgeschlagene Geleespeisen hingegen lassen sich gut einfrieren, da die Luftblasen sich wie Kissen um die Eiskristalle legen.

Babykost

Man spart Zeit und Geld, wenn man pürierte und durch ein Sieb gedrückte Babykost in größeren Mengen zubereitet. Achten Sie auf peinliche Sauberkeit in der Küche. Die Babynahrung in kleinere Kunststoffdosen mit Deckel von guter Qualität füllen, deutlich etikettieren. Nehmen Sie eine Tagesportion auf einmal heraus und lassen Sie sie im Kühlschrank auftauen. Dann die geschlossene Dose im Wasserbad erwärmen.

Einfrieren von Resten

Durch Einfrieren ist es möglich, Reste ganz aufzubrauchen, da die übriggebliebenen Speisen eingefroren und zu einem späteren Zeitpunkt verwendet werden können. Fast alle Lebensmittel und Fertiggerichte eignen sich zum Einfrieren. Wenn Sie nicht sicher sind, ob sich etwas einfrieren läßt, frieren Sie eine kleine Menge davon ein und tauen sie danach wieder auf, während Sie die restliche Speise unterdessen gut gekühlt halten. Kosten Sie dann Ihre Probe und entscheiden Sie, ob Sie mit dem Ergebnis zufrieden sind. Lebensmittel, die schon einmal gefroren waren, sollte man möglichst nicht wieder einfrieren, wenn sie inzwischen nicht gegart wurden. Etikettieren Sie jede Packung, hier ist Ihre Vorratsliste ganz besonders wichtig. Ungekennzeichnete Packungen können ein heilloses Durcheinander verursachen! Bewahren Sie kleine Ein-Portionen-Packungen in Gefrierbeuteln auf. Diese eignen sich auch für verpackte Mahlzeiten und Imbisse. So rasch wie möglich einfrieren. Heiße Gerichte abkühlen lassen und möglichst ruhig stellen.

Fleischgerichte

Fleischscheiben und Geflügel Auch eine einzige Scheibe Schmorbraten lohnt sich zum Aufheben: wickeln Sie sie eng in Haftfolie und legen Sie sie in einen Gefrierbeutel. Wenn die Menge für eine Mahlzeit reicht, bereiten Sie daraus ein Tellergericht.

Tellergerichte Nehmen Sie dazu entweder eine besondere Aluplatte mit getrennten Mulden für Fleisch, Kartoffeln und Gemüse oder eine große Aluplatte. Übergießen Sie das fertig gegarte Fleisch mit Bratensoße, um es vor Austrocknen zu schützen; geben

Diese Mahlzeit auf dem Spezialteller aus Alufolie besteht aus Fleischscheiben mit Bratensoße, Schnittbohnen und Kartoffelpüree.

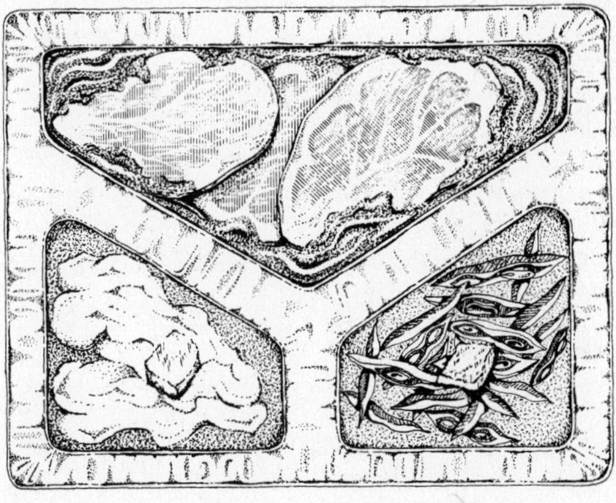

Sie eine Portion gekochter Erbsen oder Bohnen mit einem Stück Butter hinzu oder nehmen Sie tiefgefrorenes Gemüse. Nun kommt noch gewürzter Kartoffelbrei dazu. Vermerken Sie auf dem Etikett, das Sie auf die Abdeckfolie kleben, was die Packung enthält und wie sie erhitzt werden soll. Das Aufwärmen solcher praktischen Tellergerichte können Sie der Familie überlassen, wenn Sie einmal nicht zu Hause sind.

Bratensoße Sie kann in kleine Becher verpackt oder in Würfeln eingefroren werden.

Pastete In Stücke schneiden und durch Folienblätter oder Fettpapier trennen. In Alufolie wickeln und die Luft herausdrücken.

Fisch

Verarbeiten Sie übriggebliebenes weißes Fischfleisch zu Fischkroketten.

Käse

Überreste einer Käseplatte werden am besten in Portionen aufgeteilt, die noch am Tag des Auftauens verbraucht werden. In Haftfolie wickeln und in einen Gefrierbeutel geben. Achten Sie darauf, daß weiche Käsesorten wie Camembert, Brie und Edelpilzkäse im Geschmack voll ausgereift sind, wenn sie eingefroren werden.

Reibkäse Reiben Sie die Enden von Hartkäse klein und füllen Sie sie in einen Gefrierbeutel.

Eier

Eigelb In kleine Behälter geben und mit 2,5 ml (1/2 gestrichener Teelöffel) Salz oder 5 ml (1 gestrichener Teelöffel) Zucker auf je einen Eidotter vermischen. Verwenden Sie die salzigen Dotter zu Mayonnaise oder dicken Soßen, die süßen zu Mürbeteig und Eiercreme. Deutlich beschriften.

Eiweiß In gebräuchlichen Mengen in kleine Behälter verpacken. Eiweiß kann nach dem Auftauen aufgeschlagen werden.

Sahne

Als Sahnetupfer zum Dekorieren einfrieren (siehe S. 36) oder zu Eiscreme verarbeiten.

Gemüse

Verwenden Sie grünes Gemüse zu Tellergerichten oder machen Sie Püree daraus und frieren es als Block ein; noch gefroren zu Eintopfgerichten, Suppen und Soßen geben. Mit übriggebliebener Bratensoße zu dicken Suppen verarbeiten. Kartoffelbrei kann zu Kroketten oder Fleisch- oder Fischklößchen verwendet und in Suppen gegeben werden oder zu Blocks gefroren oder im Kochbeutel gelagert werden. Wurzelgemüse, Sellerie und Zwiebeln können als Suppengemüse in Gefrierbeutel verpackt werden.

Obst

Für Obstkuchen oder mit Schaumsoße verwenden. Orangen- und Zitronenschalen reiben und in kleine Dosen einpacken. Den Saft in Bechern einfrieren. Orangen- und Zitronenschnitze für Getränke oder zur Garnierung einfrieren, die Schnitze dabei durch Folienblätter trennen. Gefroren in die Getränke geben. Einzelne Kirschen in Eiswürfeln einfrieren.

Reis und Nudeln

Fertige Gerichte damit ergänzen oder in entsprechenden Mengen in Gefrierbeutel verpacken. Vor dem Servieren kurz in kochendes Salzwasser tauchen, aufwallen lassen, dann herausnehmen und abtropfen lassen.

Brot und Kuchen
Machen Sie Paniermehl oder süße Kuchenbrösel daraus, in Gefrierbeutel verpacken. Gebutterte Brotscheiben und Kuchenstücke durch Folienblätter getrennt einpacken. Wickeln Sie französische Weißbrotscheiben in Alufolie. Die gefrorenen Packungen etwa 15 Minuten lang im heißen Backofen auftauen und aufbacken. Kleine Kuchen einzeln in Haftfolie wickeln. Schneiden Sie Obstkuchen in Stücke, durch Folienblätter oder Fettpapier getrennt einfrieren.

Brühe und Bratensoße
Kochen Sie aus Fleischknochen eine konzentrierte Fleischbrühe. Frieren Sie die Brühe und die Soße als Würfel oder in kleinen Behältern ein.

Getränke
Frieren Sie Weinreste als Würfel ein, die Sie beim Kochen verwenden. Gefroren in Brühe oder Eintopfgerichte geben, aufgetaut zu Obstkuchen verwenden.

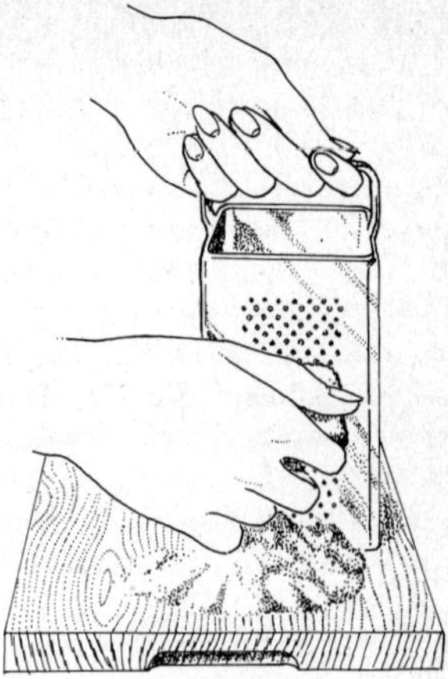

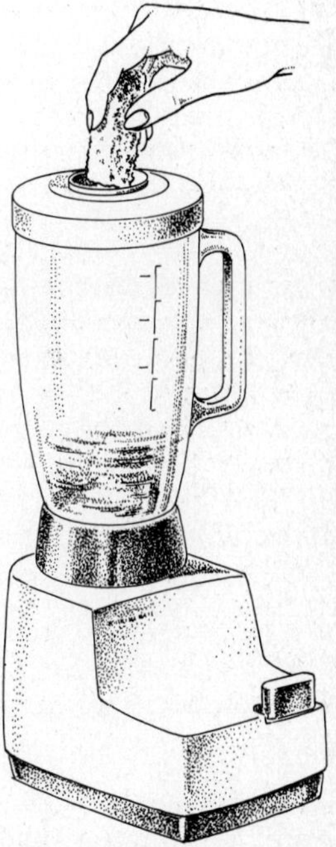

Semmelbrösel lassen sich sowohl auf einer Käsereibe als auch im Mixer herstellen.

Einfrieren eines Grundvorrats

Die viktorianischen Köche verdankten einen Großteil ihres Ruhmes den Küchenmädchen, die für sie alle vorbereitenden Arbeiten wie das Hacken, Schälen, Soße- und Brühekochen übernahmen, damit dem Koch genügend Muße blieb, um sich auf das Fertigstellen der Gerichte zu konzentrieren. Lagern Sie in Ihrem Gefriergerät vorbereitete Grundnahrungsmittel, um ähnlich großzügig kochen zu können.

Würfel

Kleine Portionen flüssiger Reste oder vorbereitete Lebensmittel, die in kleinen Mengen benötigt werden (wie Soßen), können in der Eiswürfelschale eingefroren und in Gefrierbeuteln aufbewahrt werden.

Eierwürfel Geben Sie etwas Wasser zu geschlagenem Ei und frieren Sie es ein für Fälle, wenn kleine Mengen zum Bestreichen von Gebäck vor dem Backen benötigt werden.

Kräuterwürfel Hacken Sie die frischen Kräuter und füllen Sie die Würfel halb, dann Wasser darüber gießen und einfrieren. Statt dessen kann man die Kräuter auch mit Wasser im Mixer zerkleinern.

Soßenwürfel Bereiten Sie die Soßenwürfel zu wie die Kräuterwürfel. Geben Sie etwas Zucker zur gehackten Minze und füllen Sie mit kochendem Wasser auf, abkühlen lassen und einfrieren. Vor Gebrauch Essig zu den tauenden Würfeln gießen.

Für weiße Soße verknetet man gleiche Mengen Weißmehl und Butter oder Margarine und drückt sie in die Würfelschale. Die Würfel gefroren in heiße Milch geben und mit einem Schneebesen schlagen, bis die Soße dicklich wird und kocht.

Früchtewürfel Frieren Sie ungezukkerte, passierte Himbeeren, Erdbeeren, schwarze Johannisbeeren und Tomatenpüree in Würfeln ein. Zu Soßen verwenden oder mit Limonade als Getränk auffüllen. Vermischen Sie geriebene Orangen- und Zitronenschalen mit dem Saft und frieren Sie beides zusammen oder den Saft allein ein.

Für Partygetränke Kirschen oder Obstsalat aus Konserven in Würfel einfrieren.

Brühwürfel Kochen Sie eine konzentrierte Fleischbrühe und frieren Sie sie als Würfel ein. Machen Sie die Brühe besonders stark im Geschmack, indem Sie sie lang kochen oder im Dampfkochtopf nur die halbe Menge Wasser wie sonst üblich nehmen.

Babykost in Würfeln Kleine Portionen Püree werden am besten als Würfel eingefroren.

Vorgekochte Soßen

Man kann Grundsoßen in größeren Mengen kochen und sie in Portionen von 250 ml zu flachen Blocks gefrieren, die rasch auftauen. Nach dem Auftauen kann die Soße verdünnt für ein schnelles Hauptgericht über rohes Fleisch, Fisch oder Geflügel in einen Topf gegeben werden. Wenn die Speisen in einem automatischen Backofen gegart werden, kann man das Gericht zum Auftauen Stunden vorher in den Backofen stellen, ehe sich die Automatik einschaltet. Die Soßen halten sich bis zu drei Monaten.

Vorgekochte Rotweinsoße

Zu Rinds- oder Lammgulasch, zu zerteilten Hühner-, Puter- oder Kaninchenstücken geben.

12 Schalottenzwiebeln
1 große Zwiebel
1 Knoblauchzehe
250 g Karotten
3 Scheiben ungeräucherter Speck
45 ml (3 Eßlöffel) Öl
250 ml Rotwein,
250 ml Rinderbrühe
30 ml (2 gestrichene Eßlöffel) Tomatenpüree
10 ml (1 gehäufter Teelöffel) getrocknete Mischkräuter
125 g kleine Champignons
30 ml (2 gestrichene Eßlöffel) Maismehl

Die Schalotten und die große Zwiebel schälen und kleinhacken. Den Knoblauch zerdrücken. Die Karotten putzen und in Scheiben schneiden. Den Speck kleinschneiden, nachdem die Schwarte und Knorpel entfernt wurden. Das Öl in einem Kochtopf erhitzen und darin die Schalotten, die feingeschnittene Zwiebel und den Speck anbraten. Den zerdrückten Knoblauch und die Karotten zugeben und 5 Minuten kochen lassen. Rotwein und Fleischbrühe zugießen, zum Kochen bringen und ohne Deckel 5 Minuten kochen. Das Tomatenpüree, die Kräuter und die gewaschenen Champignons zugeben, zudecken und 10 Minuten köcheln lassen. Das Maismehl mit etwas Wasser anrühren und in die Soße geben. Mit Salz und Pfeffer abschmecken.

Zum Essen Mit halb soviel Wasser verdünnen. Wenn nötig, die Soße zusätzlich mit Maismehl vor dem Servieren andicken. Mit grünen oder schwarzen Oliven garnieren und mit gerösteten, dreieckigen Brotschnitten servieren.

Einfrieren Wie vorgekochte Weißweinsoße.

Vorgekochte Weißweinsoße

Reichen Sie diese Soße zu Fisch, Huhn, Kaninchen, Kalbfleisch, Puter oder Nieren.

2 große Zwiebeln
4 Stangen Sellerie
125 g geräucherter Schinken oder eine dicke Speckscheibe
50 g Butter
1 Zitrone
250 g süßer Weißwein oder Apfelwein
250 ml Hühner- oder Schinkenbrühe
250 g kleine Champignons
45 ml (3 gestrichene Eßlöffel) Stärkemehl
Salz und Pfeffer

Die Zwiebeln schälen, den Sellerie waschen und alles, ebenso wie den Schinken oder Speck, kleinschneiden. Mit der Butter in einem zugedeckten Topf garen, bis die Zwiebeln weich, aber nicht bräunlich sind. Zitronenschale zugeben, mit Zitronensaft, Wein und Brühe aufgießen. Zum Kochen bringen, zudecken und 15 Minuten simmern lassen. Dann die Champignons zufügen, nochmals aufkochen und das mit etwas Wasser verrührte Stärkemehl zugeben. Nach Geschmack würzen.

Zum Essen Mit halb soviel Milch verdünnen und über das Fleisch in den Kochtopf gießen. Vor dem Servieren etwas Sahne oder abgenommenes Milchfett in die Soße rühren. Wenn man eine sehr gehaltvolle Soße möchte, verklopft man ein Ei in 125 ml

Lassen Sie die tiefgefrorene, fertige Weißweinsoße auftauen, indem Sie sie zum rohen Huhn in den Topf geben und zusammen erhitzen.

Sahne und rührt es vor dem Auftragen in die Soße.

Einfrieren Gießen Sie die Soße in Behälter mit 250 ml Inhalt. Nach dem Gefrieren herausnehmen, in Haftfolie wickeln und in einem Gefrierbeutel einlagern.

Vorgekochte braune Zwiebelsoße

Garen Sie Hackbraten, Schmorfleisch oder Leber und Nieren in dieser kräftigen Soße.

4 große Zwiebeln
2 Stangen Sellerie
60 ml (4 Eßlöffel) Öl
10 ml (1 gehäufter Teelöffel) Zucker
45 ml (3 gestrichene Eßlöffel) Mehl
10 ml (1 gehäufter Teelöffel) gemischte Trockenkräuter
30 ml (2 Eßlöffel) Worcestershire-Soße
60 ml (4 Eßlöffel) Sherry
2 Streifen Orangenschale (ungespritzt)
1 Lorbeerblatt
Salz und Pfeffer
1/2 Liter Rinderbrühe

Die Zwiebeln schälen und grob hakken. Sellerie waschen und zerschneiden. Zusammen mit dem Zucker in Öl bei kleiner Hitze goldbraun rösten; mit einem Sieblöffel aus dem Topf heben und beiseite stellen. In das Fett in der Pfanne Mehl einrühren, Kräuter, Worcestershire-Soße, Sherry, feingehackte Orangenschale, Lorbeer, 10 ml (1 gehäuften Teelöffel) Salz, etwas Pfeffer und die Brühe zugeben. Unter Rühren zum Kochen bringen, zudekken und 1/2 Stunde köcheln lassen. Das Lorbeerblatt herausnehmen, Zwiebel und Sellerie zurückgeben, nach Belieben würzen.

Zum Essen Mit der halben Menge Wasser oder Fleischbrühe verdünnen.

Einfrieren Wie süßsaure Soße.

Vorgekochte süßsaure Soße

Würzen Sie damit Koteletts und zerlegtes Huhn, indem Sie sie in der Soße garen, oder geben Sie die Soße zu gegrilltem Fleisch. Mit Reis oder Nudeln servieren.

2 große Zwiebeln
2 Knoblauchzehen
45 ml (3 Eßlöffel) Öl
1 kleine (170 g) Dose Tomaten
125 ml Malzessig
1 kleine (240 g) Dose Ananasscheiben
10 ml (1 gehäufter Teelöffel) Salz
Pfeffer
45 ml (3 gestrichene Eßlöffel) Zucker
10 ml (1 gehäufter Teelöffel) Delikateßsenf
30 ml (2 Eßlöffel) Soja- oder Worcestershire-Soße
1 Würfel Hühnersuppenextrakt
125 ml kochendes Wasser
30 ml (2 gestrichene Eßlöffel) Stärkemehl
1 grüner Paprika

Zwiebeln und Knoblauch zerkleinern und in Öl goldbraun rösten. Tomaten, Essig, Saft der Ananas, Salz, eine gute Prise Pfeffer, Senf, Soja- oder Worcestershire-Soße zugeben und den in heißem Wasser gelösten Suppenwürfel. Zum Kochen bringen, zudecken und 1/2 Stunde köcheln lassen. Das Stärkemehl mit etwas Wasser anmachen und einrühren. Den Paprika entkernen, in Streifen schneiden, in einem Topf mit Wasser übergießen und aufkochen. Dann abtropfen lassen und in die Soße geben.

Zum Essen Die Soße mit der Hälfte Menge Wasser verdünnen und in eine Pfanne oder einen Topf zum ungegarten Fleisch oder Geflügel gießen. Zusammen kochen, bis das Fleisch weich ist.

Einfrieren In Behälter gießen, etikettieren, abkühlen und einfrieren. Den Block herausnehmen und in Haftfolie wickeln und in Gefrierbeuteln aufbewahren (die Herstellung vorgeformter Packungen siehe S. 48/49). Lagerzeit bis zu 3 Monaten.

Früchtewürfel

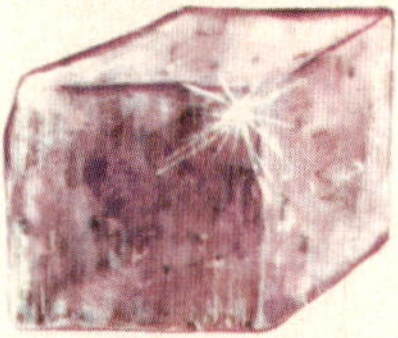

Schwarze-Johannisbeeren-Püree

geriebene Orangenschalen in Saft

Tomatenpüree

Obstsalat aus der Konserve

Vorgekochte Currysoße

Das Rezept ergibt eine mäßig scharfe, aromatische Soße. Je nach gewünschter Schärfe entsprechende Mengen Ingwer, schwarzen und Cayenne-Pfeffer zugeben. Bei Zeitmangel 30 ml (2 gestrichene Eßlöffel) Currypulver (für scharfe Currysoße die doppelte Menge) statt der verschiedenen Gewürze nehmen.

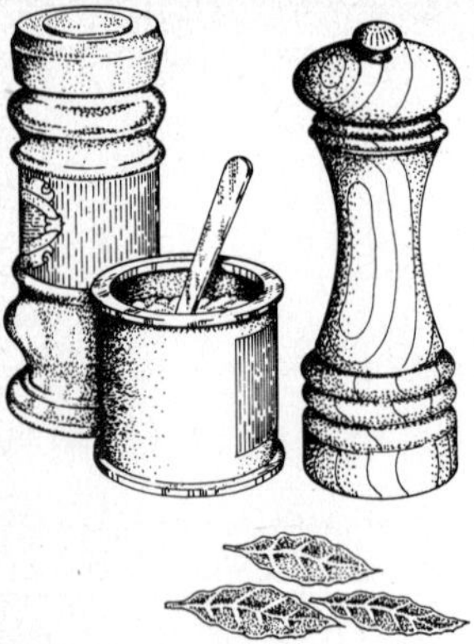

2 große Zwiebeln
3 Knoblauchzehen
30 ml (2 Eßlöffel) Öl
je 5 ml (1 gestrichener Teelöffel) gemahlenen Zimt, Gelbwurz und Ingwer
je 10 ml (2 gestrichene Teelöffel) gemahlenen Koriander und Kümmel
je 15 ml (1 gestrichener Teelöffel) Salz und Zucker
2,5 ml (1/2 gestrichener Teelöffel) gemahlener schwarzer Pfeffer
1,25 ml (1/4 gestrichener Teelöffel) Cayenne-Pfeffer
3 große Tomaten
1 mittelgroßer Kochapfel
1 Würfel Hühnerbrühe
75 g getrocknete Kokosnuß
30 ml (2 gestrichene Eßlöffel) Stärkemehl
135 ml einfachen Joghurt

Zwiebel und Knoblauch schälen und zerkleinern, mit dem Öl, den Gewürzen, Salz und Zucker in einen Topf geben und bei kleiner Hitze 15 Minuten rösten, dabei gelegentlich umrühren. Die Tomaten enthäuten und zerschneiden, den Apfel ohne Schale und Kerngehäuse kleinschneiden, in den Topf geben und kochen, bis die Masse breiig wird. Den Brühwürfel in 300 ml kochendem Wasser auflösen, in den Topf geben, zudecken und 1/2 Stunde simmern lassen. Inzwischen die Kokosnuß in eine Schale mit 300 ml Wasser geben und 1/2 Stunde stehenlassen. Die Kokosnuß mit den Händen ausdrücken, um das Aroma herauszupressen. Die Flüssigkeit in den Topf geben. Das Stärkemehl mit etwas Wasser verrühren und zugeben. Unter Rühren zum Kochen bringen, 5 Minuten kochen lassen. Dann von der Heizstelle ziehen und den Joghurt unterrühren.

Zum Essen Die Soße mit der halben Menge Wasser verdünnen, mit ungegartem Fleisch, Geflügel oder Fisch in einen Topf geben und kochen. Zusammen mit Gurken, geriebener Kokosnuß, Chutney, in Maismehl gerösteten Bananen, Zitronensaft und Joghurt servieren.

Einfrieren Wie süßsaure Soße.

Vorgekochte Tomatensoße

Servieren Sie die Soße zu Koteletts, Huhn und Hacksteaks und verwenden Sie sie zum Kochen.

1 große Zwiebel
3 Stangen Sellerie (samt den Blättern)
30 ml (2 Eßlöffel) Öl
1 kg Tomaten oder 2 Konserven mit 400 g Inhalt
5 ml (1 gestrichener Teelöffel) Zimt
2,5 ml (1/2 gestrichener Teelöffel) Cayenne-Pfeffer
jeweils 10 ml (1 gehäufter Teelöffel) Salz,
Zucker und vermischte Trockenkräuter
15 ml (1 Eßlöffel) Worcestershire-Soße

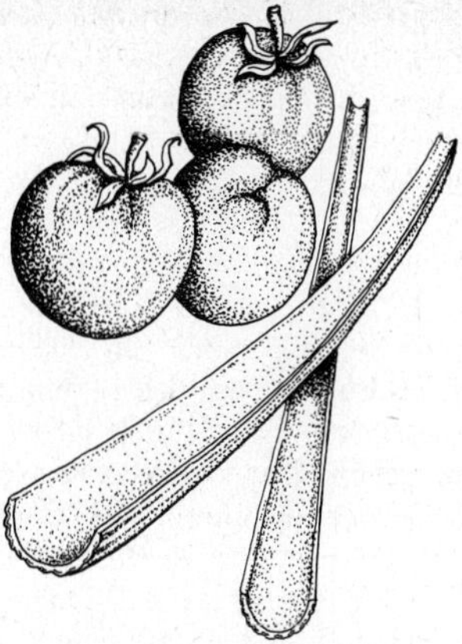

70 g konzentriertes Tomatenmark
250 ml Hühnerbrühe
45 ml (3 gestrichene Eßlöffel) Stärkemehl

Die Zwiebeln hacken, den Sellerie in Streifen schneiden, die Tomaten abziehen und halbieren. Die Zwiebel mit dem Sellerie in Öl anbraten, bis die Zwiebel goldbraun ist. Zimt, Cayenne-Pfeffer, Salz, Zucker, Kräuter und Worcestershire-Soße einrühren, dann die Tomaten und das Tomatenpüree zugeben. Solange kochen, bis die Masse dicklich wird. Durch ein Sieb drücken, dann die mit dem Stärkemehl verrührte Brühe zugießen. Unter Rühren aufkochen, zudecken und 5 Minuten kochen lassen. Kosten und falls nötig, noch etwas nachwürzen.

Zum Essen Mit halb soviel Wasser verdünnen; falls erwünscht, eine blanchierte, in Streifen geschnittene grüne Paprikaschote zugeben.

Einfrieren Wie süßsaure Soße.

Suppen

Man kann ebensogut und sicherlich viel billiger einen Suppenvorrat im Gefriergerät aufbewahren anstatt im Küchenschrank. Gemüsesuppen lassen sich besser einfrieren als einkochen, da beim Gefrieren der frische Geschmack und die Struktur erhalten bleiben. Die Grundlage einer guten Suppe ist eine kräftige Brühe, die man aus übriggebliebenen Knochen, Hühnerknochen und Gemüse herstellt. Ein Dampfkochtopf erleichtert die Sache wesentlich. Verbrauchen Sie alle Gemüsereste in Suppen auf.

Einfrieren von Suppen

Nur knapp garen und wenig würzen. Sahne erst vor dem Servieren zugeben. Die Suppe in feste Dosen füllen. Falls nicht genügend Behälter vorhanden sind, vorgeformte Packungen anfertigen. Kopfraum belassen. Etikettieren, kühlen und bis zu 3 Monate einfrieren.

Auftauen Am besten taut man die Suppen mehrere Stunden lang bei Zimmertemperatur auf oder erhitzt sie langsam bei geschlossenem Topf. Gebundene Suppen vor dem Servieren leicht aufschlagen.

Suppenrezepte

Knochenbrühe

Fleisch, Speck, Geflügelknochen oder Innereien, möglichst angebraten
1 große, grobgehackte Zwiebel
1 Sellerieknolle oder Sellerieblätter
Wurzelgemüse
frische oder getrocknete Kräuter
12 Pfefferkörner

Alle Zutaten in einen Kochtopf geben. Mit Wasser auffüllen und zum Kochen bringen. Abschäumen, dann zudecken und 2 Stunden köcheln lassen. Passieren, in den Topf zurückgeben und bei starker Hitze auf ein Drittel einkochen. Statt dessen kann man die Zutaten in einen Schnellkochtopf geben, halb mit Wasser auffüllen und bei hohem Druck 40 Minuten kochen lassen; dann durchseihen, rasch in Eiswasser abkühlen lassen, nochmals abschäumen.

Einfrieren In eine Eiswürfelschale gießen (siehe S. 54) oder in üblichen Mengen in Behältern einfrieren. Genügend Kopfraum lassen. Die Blocks herausnehmen, in Haftfolie wickeln und in Gefrierbeutel verpacken. Lagerzeit bis zu 4 Monaten.

Zum Essen Auswickeln und in einer Schüssel im Kühlschrank auftauen lassen oder langsam im Kochtopf erhitzen.

Zwiebelcremesuppe

8 Portionen

1 kg Zwiebeln
1 große Kartoffel
2 Würfel Hühnerbrühe
75 g Butter
75 g Weizenmehl
1/2 Liter Milch

Die Zwiebeln und die Kartoffeln schälen und kleinschneiden. Mit 1/2 Liter Wasser und den Brühwürfeln in einen Kochtopf geben und zum Kochen bringen, dann zugedeckt 20 Minuten simmern lassen. In einen Mixer gießen und zu glatter Creme schlagen. Butter und Mehl vermengen, zusammen mit

etwas Salz, Pfeffer und Selleriesalz ebenfalls in das Mixgefäß geben. Dann alles in den Kochtopf zurückschütten, die Milch zugießen und unter Rühren nochmals aufkochen. Mit knusprig gebackenen Brotwürfeln oder Zwiebelringen servieren. Zu einem Imbiß mit Käsetoast reichen.

Frische Tomatensuppe
10 bis 12 Portionen
2 große Zwiebeln
4 Stangen Sellerie
100 g Butter
100 g durchwachsener, gerauchter Speck
2 kg Tomaten
je 10 ml (1 gehäufter Teelöffel) Salz, Zucker, gemischte Kräuter und Zimt
Stärkemehl
Die Zwiebeln und den Sellerie kleinschneiden, im zugedeckten Topf mit Butter und dem kleingeschnittenen Speck 10 Minuten kochen. Die Tomaten in eine Schüssel geben, mit kochendem Wasser übergießen, bis zehn zählen, dann abgießen und die Schalen abziehen. Die Tomaten vierteln und mit Salz, Zucker, Zimt und Kräutern in den Topf geben. Ohne Deckel kochen, bis die Tomaten dick und breiig sind. Gleiche Menge Fleischbrühe zugeben, oder wenn nicht viel Platz im Gefriergerät ist, auch ohne Brühe in Behälter füllen und einfrieren.
Zum Essen Auftauen, gleiche Menge Brühe zugeben, zum Kochen bringen und mit Stärkemehl binden. Wenn nötig, mit Gewürzen abschmecken. Die Suppe durchseihen oder im Mixer pürieren.

Linsensuppe mit Speck
10 bis 12 Portionen
1 geräucherte Schweinshaxe
250 g rote Linsen
2 große Zwiebeln
2 große Karotten
2,5 ml (1/2 gestrichener Teelöffel) gemischte Trockenkräuter
1/2 Liter Milch
45 ml (3 gestrichene Eßlöffel) Stärkemehl
Salz und Pfeffer
Die Haxe waschen und mit den Linsen in einen Schnellkochtopf geben, dazu die geschälten Zwiebeln und Karotten. 2 Liter Wasser zugeben, Deckel schließen, das Ganze zum Kochen bringen, abschäumen, und dann bei hohem Druck 25 Minuten (oder in einem zugedecktem Topf mit 3 Liter Wasser 1 1/2 Stunden) kochen. Die Haxe herausnehmen, von Haut und Knochen befreien. Haut und Knochen zurückgeben und im Schnellkochtopf bei großem Druck 10 Minuten oder im Kochtopf 1/2 Stunde kochen. Das Fleisch zerschneiden. Knochen und Haut herausnehmen, den restlichen Topfinhalt mit dem Fleisch im Mixer glatt pürieren (oder den Topfinhalt durchseihen und das kleingehackte Fleisch zufügen).

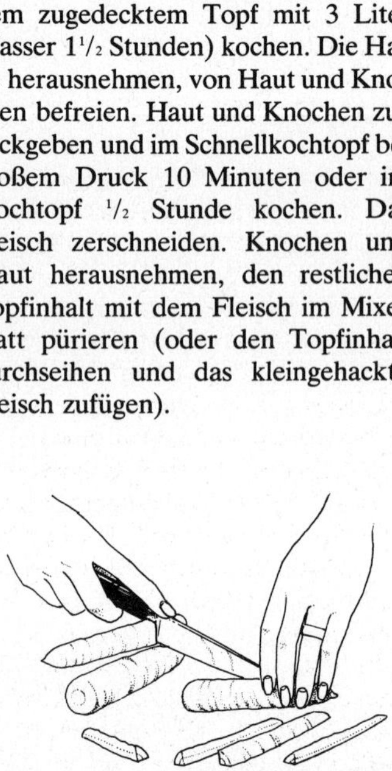

So schneidet man Karotten.

Einfrieren Kühlen, vorgeformte Packungen anfertigen, einfrieren und bis zu 2 Monate einlagern.
Zum Essen Auftauen, Kräuter und mit Milch verrührtes Stärkemehl hineingeben. Unter Rühren aufkochen, abschmecken und würzen.

Minestrone
8 Portionen
50 g weiße Bohnen
2 Zwiebeln
3 Stangen Sellerie
3 Karotten
1 große Kartoffel
250 g durchwachsener Speck
15 ml (1 Eßlöffel) Öl
30 ml (1 gehäufter Eßlöffel) Tomatenpüree
Salz und Pfeffer
2,5 ml (1/2 gestrichener Teelöffel) gemischte Trockenkräuter
2 Liter Hühnerbrühe
20 g feingeschnittener Weißkohl
50 g Erbsen oder grüne Bohnen
Die Zwiebeln schälen, den Sellerie waschen, die Karotten und die Kartoffel schälen und alles kleinschneiden. Die Bohnen ein paar Stunden einweichen oder im Schnellkochtopf 10 Minuten kochen. Knochen und Schwarte vom Speck lösen, den Speck in Scheiben schneiden und in Öl in einem großen Kochtopf anrösten. Bohnen und Gemüse zugeben und erhitzen, bis die Zwiebeln hellbraun sind. Tomatenpüree, Gewürzkräuter und Fleischbrühe einrühren, zugedeckt 1/2 Stunde simmern lassen.
Zum Essen Weißkohl, Erbsen oder Bohnen zugeben und 10 Minuten kochen, dann mit in Wasser angerührtem Stärkemehl eindicken. Mit geriebenem Parmesankäse servieren.

Bemerkung Geben Sie eine zerdrückte Knoblauchzehe zum Gemüse, wenn Sie die Suppe sofort servieren, sonst erst nach dem Auftauen mit Knoblauchsalz würzen.

Gurkencremesuppe
4 bis 6 Portionen
1/2 kg Gurken
2 Schalotten oder 1 kleine Zwiebel
50 g Butter
1 Liter Hühnerbrühe
2 mittelgroße Kartoffeln
Salz und Pfeffer
125 ml fettarme Sahne oder Kondensmilch
Die Gurken und die Schalotten oder Zwiebel schälen und kleinschneiden. Die Butter in einem Topf erhitzen und das Gemüse hineingeben, zugedeckt bei kleiner Hitze 10 Minuten garen und den Topf gelegentlich schütteln. Dann Fleischbrühe, die geschälten und geschnittenen Kartoffeln, 5 ml (1 gestrichener Teelöffel) Salz und eine Prise Pfeffer zugeben. Das Gemüse weichkochen, dann durch ein Sieb oder im Mixer pürieren. Abkühlen und Einfrieren.
Zum Essen Für ein warmes Gericht die Suppe aufkochen, kosten und falls erforderlich nachwürzen. Wenn gewünscht, mit in Milch verrührtem Stärkemehl binden. Sahne oder Kondensmilch einrühren, mit frischen Gurkenscheiben garnieren und sofort mit gerösteten Brotwürfeln servieren.
Als Kaltspeise Die aufgetaute Suppe mit einem Schneebesen durchquirlen und Sahne (keine Kondensmilch) einrühren. Abschmecken und mit Gurkenscheiben servieren.

Imbisse und Vorspeisen

Eine Auswahl von Imbissen und Vorspeisen ist willkommen zum Servieren von Zwischenmahlzeiten. Es lohnt sich, die Schnellgerichte einzeln zu verpacken, damit sich einzelne Portionen leicht zubereiten lassen. Auch bei der Bewirtung von Gästen ist es vorteilhaft, wenn Sie die Vorspeise schon zubereitet haben und nur auftauen müssen.

Blätterteigpasteten
Die meisten einschlägigen Geschäfte führen rohe Blätterteigpasteten, so daß es sich kaum lohnt, sie selber herzustellen. Eine Auswahl tiefgefrorener Füllungen ist jedoch sehr nützlich.

Hühnerfüllung mit Maiskörnern
für 12 Pasteten oder 24 gefüllte Taschen
1 (200 g) Dose süße Maiskörner
Milch
1 Würfel Hühnerbrühe
25 g weiche Margarine
25 g Weizenmehl
Salz und Pfeffer
250 g gekochtes Hühnerfleisch
125 g gekochter Schinken

Die Flüssigkeit von den Maiskörnern in einen Meßbecher abgießen und mit Milch auf 250 ml auffüllen. Zum Kochen bringen und den Brühwürfel einrühren. Von der Kochstelle nehmen, Margarine und Mehl auf einem Teller vermengen, in den Topf geben und mit einem Schneebesen glattschlagen. Dann unter Rühren 2 Minuten aufkochen und mit Salz und Pfeffer abschmecken. Die Maiskörner, das kleingeschnittene Hühnerfleisch und die Schinkenwürfel einrühren.
Einfrieren In Becher oder Behälter packen oder die gebackenen Pasteten damit füllen. Man kann sie bis zu 2 Monate einlagern.
Auftauen Bei Zimmertemperatur 3 Stunden, im Kühlschrank über Nacht auftauen lassen. Beim Erhitzen kräftig schlagen.

Nieren- und Schinkenfüllung
für 12 Pasteten oder 24 gefüllte Taschen
100 g durchwachsener Räucherspeck
250 g Nieren
1 kleine Zwiebel
250 ml Rinderbrühe
2,5 ml (1/2 gestrichener Teelöffel) gemischte Kräuter
25 g Stärkemehl
30 ml (2 Eßlöffel) Sherry
braune Bratensoße
Salz und Pfeffer
Schwarte und Knochen vom Speck ablösen und den Speck kleinschneiden. Nachdem die Röhren aus den Nieren entfernt sind, werden sie in kleine Stücke geschnitten. Die Zwiebel schälen und hacken, zusammen mit dem Speck in einem Topf anbraten, bis das Fett austritt, dann die Nieren zugeben und 5 Minuten unter Rühren garen. Fleischbrühe und

Kräuter zugeben, zum Kochen bringen und zugedeckt $^1/_2$ Stunde simmern lassen. Das Stärkemehl mit dem Sherry anrühren, in den Topf geben und rühren, bis die Masse angedickt ist. Kosten und mit Salz und Pfeffer abschmecken. Etwas braune Bratensoße zugeben. Einpacken, einfrieren und auftauen wie oben.

Blätterteigpasteten, Geräucherte Makrelenpastete (Mitte) und Ratatouille.

Pasteten und Terrinen

Schnelle Leberpastete
6 Portionen
250 g fetter, ungeräucherter Speck
1 Zwiebel
250 g Rinderleber
25 g Butter
15 ml (1 gestrichener Eßlöffel) Weizenmehl
125 ml Milch
5 ml (1 gestrichener Teelöffel) Salz
schwarzer Pfeffer

Schwarte und Knochen vom Speck ablösen und den Speck in Streifen schneiden. Die Zwiebel schälen und schneiden, die Leber in Scheiben schneiden. Den Speck auslassen und im Fett die Zwiebel goldbraun rösten. Die Leber anbraten, bis sie fest ist. Mit einem Sieblöffel aus der Pfanne heben und in den Mixer füllen. Die Butter in die Pfanne geben, dazu Mehl, Milch, Salz und eine kräftige Prise schwarzen Pfeffer. Unter Rühren alles zusammen aufkochen lassen und danach in den Mixer geben. (Falls Sie einen kleinen Mixer benutzen, nehmen Sie je nur die Hälfte Fleisch und Soße auf einmal.) Pürieren, dann in eine tiefe feuerfeste Form von 1 Liter Inhalt gießen. Die Form in ein Metallgefäß mit 2,5 cm Wasser stellen und im Backofen bei Mittelhitze (180 °C/Gas 4) $^{1}/_{2}$ Stunde backen.

Zum Servieren Mit Zitronen und Gurken garnieren.

Einfrieren Aus der Form nehmen, in Alufolie wickeln, etikettieren, abkühlen und einfrieren. Bis zu 2 Monate lagern.

Zum Essen Auspacken, in die Form zurückgeben und auftauen lassen.

Bauernterrine
Für eine Party in einer Schüssel anrichten
20 Portionen
250 g mageres Schweine- oder Kalbfleisch
$^{1}/_{2}$ kg gehackter Schweinebauch
$^{1}/_{2}$ kg Rinderhack
250 g gehackter Speck
250 g gehackte Schweineleber
1 zerdrückte Knoblauchzehe
5 ml (1 gestrichener Teelöffel) Piment
15 ml (1 Eßlöffel) Zitronensaft
45 ml (3 Eßlöffel) Branntwein oder Sherry
Salz und Pfeffer
3 Lorbeerblätter

Alle Zutaten mit 15 ml (1 gestrichenen Eßlöffel) Salz und sechs gehäuften Messerspitzen schwarzem Pfeffer vermischen. In eine tiefe, runde feuerfeste Form von 1,5 Liter Inhalt drükken und die Lorbeerblätter obenauf legen. Mit Alufolie oder einem Deckel bedecken und in eine Bratform mit 2,5 cm Wasser stellen. Im Backofen bei Mittelhitze (180 °C/Gas 4) 1$^{1}/_{2}$ Stunden backen. Folie oder Deckel abnehmen und einen Teller oder eine Kuchenform mit einem Gewicht obenauf stellen.

Servieren Mit Zitronenringen, gefüllten Oliven und Lorbeerblättern garnieren. Mit Aspik überziehen, das man aus 5 ml (1 gestrichener Teelöffel) Gelatine, gelöst in 125 ml Rinderbrühe herstellt.

Einfrieren Wenn möglich in der Form belassen, mit Alufolie bedecken. Bis zu 2 Monate lagern.

Auftauen Über Nacht im Kühlschrank oder 6 Stunden auftauen lassen.

Geräucherte Makrelenpastete

Die rasch zubereitete Pastete ist für die Bewirtung von Gästen ideal. Innerhalb von sechs Wochen sollte sie verbraucht werden.

12 Portionen

3 Scheiben von einem großen Brotlaib
60 ml (4 Eßlöffel) Milch
3 geräucherte Makrelen
½ Zitrone
100 g Sahnequark
30 ml (2 Eßlöffel) Mayonnaise
100 g Butter, geschmolzen

Die Rinden von den Brotscheiben lösen, die Krume zerbröckeln und in eine Schüssel mit der Milch geben. Mit einer Gabel vermengen. Die Haut und die Gräten der Makrelen entfernen, das Fischfleisch mit einer Gabel zerdrücken. Die Zitrone waschen und abtrocknen, die Schale abreiben und den Saft auspressen. Das Brot zugeben und gut mischen. Sahnequark, Mayonnaise und Butter gut verrühren und zu der Brotmischung mit den Makrelen geben. Mit Salz und Pfeffer abschmecken. In einzelne Schalen, in eine Auflaufform oder in eine Aluform für Törtchen geben. Nach dem Gefrieren herausdrücken und in Alufolie verpacken.

Servieren Mit Zitronen garnieren und mit heißem Toast und Butter reichen.

Seelachspastete

(siehe S. 117)

Die Pastete ist rasch zubereitet und kann entweder in einzelnen Behältern oder in einer Auflauf- oder Aluform hergestellt werden.

Erste Schicht

1 Dose rosa Lachs mit 210 g Inhalt
15 ml (1 gestrichener Eßlöffel) Tomatenketchup
15 ml (1 Eßlöffel) Zitronensaft
100 g vollfetter Weichkäse
2,5 ml (½ gestrichener Teelöffel) Salz
Pfeffer
rosa Lebensmittelfarbe
8 gehäufte Eßlöffel Weißbrotkrumen

Zweite Schicht

1 Dose Makrelen in Salzlake mit 425 g Inhalt
30 ml (2 Eßlöffel) Zitronensaft
5 ml (1 gestrichener Teelöffel) Salz
Pfeffer
100 g Butter, geschmolzen
5 gehäufte Eßlöffel Weißbrotkrumen

Lachs, Ketchup, Zitronensaft, Weichkäse, Salz, eine Prise Pfeffer und ein paar Tropfen rosa Lebensmittelfarbe im Mixer zu einer glatten Masse verschlagen. In eine Schüssel geben, die Brotkrumen zugeben und in die Behälter drücken, dann kühlen. Die Zutaten der zweiten Schicht in gleicher Weise behandeln und die Mischung auf die erste Schicht streichen.

Zum alsbaldigen Verbrauch Kühlen, auf einen Servierteller stürzen und mit frischen Garnelen, Zitronen und Gurken garnieren.

Einfrieren Einpacken, etikettieren und bis zu 4 Monate lagern.

Zum Essen Auf einen Servierteller stürzen und über Nacht im Kühlschrank oder bei Zimmertemperatur auftauen.

Pikante Quiches

Man kann Quiches gebacken oder roh einfrieren. Man nimmt dazu 3,5 cm tiefe Backformen aus Metall oder Alufolie.

Ergibt 2 Böden von 20 cm Durchmesser, 4 von 15 cm oder 12 Tortelettböden.

Mürbeteigböden aus

300 g Weizenmehl
75 g Schweineschmalz

75 g Margarine
5 ml (1 gestrichener Teelöffel) Salz
Wasser zum Anrühren
Grundfüllung
4 Eier
250 ml fettarme Sahne, Kondensmilch oder Milch
2,5 ml (1/2 gestrichener Teelöffel) Salz
Pfeffer
100 g Cheddarkäse
Zum Abschmecken der Füllung
250 g durchwachsener Speck

Eine Obstkuchenform mit Teig belegen, die Ränder zur Wulst drücken und mit den Fingern wellen. Die Eier in eine Schüssel aufschlagen, Sahne oder Milch, Salz und eine Prise Pfeffer zugeben. Den Käse reiben und über den Teigboden streuen. Den Speck von Schwarte und Knochen befreien, aufschneiden und über den Teig verteilen. Dann die Eiermischung darübergeben, dabei den Speck und die Eier auf die jeweiligen Böden verteilen.

Einfrieren Mit einer etikettierten Folie bedecken (auf dem Schild die Backanweisung vermerken). Kühlen, dann einfrieren.

Zum sofortigen Gebrauch Auf ein Backblech in die Mitte des Backofens stellen und bei Mittelhitze (200 °C/ Gas 6) 20 bis 40 Minuten backen, bis der Teig goldbraun und die Füllung fast gestockt ist.

Gebacken einfrieren Abkühlen und mit etikettierter Folie bedecken.

Auftauen Auf ein Backblech stellen und im Backofen bei Mittelhitze (190 °C/Gas 5) 30 bis 35 Minuten aufbacken. Oder etwa 4 Stunden bei Zimmertemperatur auftauen lassen.

Variationen
Hier statt des Specks die nachstehend angegebenen Geschmackszutaten verwenden.

Washington-Quiche Den Inhalt einer großen Dose Maiskörner (400 g) abtropfen lassen, mit rotem und grünem Paprika vermischt auf die Teigböden verteilen.

Spargel-Quiche Den Inhalt einer großen Dose Spargelstangen (400 g) abtropfen lassen und auf die Teigböden verteilen. Zur Füllung Sahne verwenden.

Bückling-Quiche Zwei Packungen (à ca. 280 g) gefrorene Bücklingfilets wie auf der Packung angegeben zubereiten. Die Flüssigkeit abgießen, den Fisch zerteilen und auf die Teigböden geben.

Schellfisch-Quiche mit Creme Eine 280-g-Packung gefrorenen Schellfisch wie auf der Packung angegeben zubereiten. Abtropfen lassen, den Fisch zerteilen und mit 250 g Hüttenkäse vermischt auf die Böden verteilen.

Käse-Zwiebel-Quiche Statt des Cheddar-Käse 200 g Gouda-Käse nehmen und auf den Böden verteilen. 1/2 kg kleingeschnittene Zwiebeln anbraten und auf die Böden geben. Zusätzlich mit 15 ml (1 gestrichenem Eßlöffel) Delikateßsenf würzen.

Käserouladen
1/2 Camembert
250 g Gouda
250 g mittelfetter weicher Quark
15 ml (1 gestrichener Eßlöffel) Delikateßsenf
15 ml (1 gestrichener Eßlöffel) Paprika
30 ml (2 gestrichene Eßlöffel) zerhackte Gewürzgurken
30 ml (2 Eßlöffel) Milch

Belag
Walnüsse oder gesalzene Erdnüsse
gefüllte Oliven
Den Camembert durch ein Sieb in eine Schüssel drücken. Den Gouda fein zerreiben und mit den übrigen Zutaten in die Schüssel geben, gut verkneten. Auf einem Stück Alufolie eine 20 cm lange Rolle formen und in die Folie einrollen. Einen Tag lang in die warme Küche stellen, damit sich das Aroma voll entfaltet.
Zum sofortigen Gebrauch Kühlen, in Nüssen wälzen und mit den in Scheiben geschnittenen gefüllten Oliven garnieren. Auf eine Servierplatte legen.
Einfrieren Kühlen, etikettieren und einfrieren. Bis zu 3 Monate lagern.
Zum Essen Langsam im Kühlschrank auftauen lassen.

Ratatouille
2 große Zwiebeln
3 Eßlöffel Öl
1 zerdrückte Knoblauchzehe
2 große grüne Paprika in Streifen geschnitten
2 große rote Paprika in Streifen geschnitten
1 kg Tomaten
$^1/_2$ kg Zucchini in Scheiben
Salz und Pfeffer
Die Zwiebeln schälen und kleinschneiden, mit dem Öl in einen großen Kochtopf geben und goldbraun dünsten. Den Knoblauch und die Paprikastreifen zugeben. Die Tomaten abziehen und vierteln und mit den Zucchini in den Topf geben. Bei kleiner Hitze garen, dabei gelegentlich umrühren bis das Gemüse weich ist – in etwa einer $^3/_4$ Stunde. Falls die Speise zu dünnflüssig ist, eine Weile ohne Dekkel sieden.
Zum sofortigen Verbrauch Kühlen und als Vorspeise servieren.
Einfrieren In Kunststoffbehälter füllen. Bei Bedarf nach dem Gefrieren aus dem Behälter nehmen und in Folie verpacken. Bis zu 9 Monate lagern.

Gerichte für die Hauptmahlzeiten

Es ist sehr bequem, eine Auswahl fertiger Gerichte im Gefriergerät zu lagern, sei es für den täglichen Gebrauch oder wenn Gäste kommen. Im Idealfall kann man einige Gerichte gleich gefroren erhitzen oder aufbakken, so daß man rasch eine fertige Mahlzeit bereit hat. Fleischstücke läßt man vor dem Zubereiten am besten langsam auftauen. Kochen Sie größere Fleischmengen auf einmal. Man kann viel sparen, wenn man einen großen Truthahn oder mehrere Hühner auf einmal kauft, in Teile zerlegt und diese auf verschiedene Weise zubereitet. Wenn Sie es sich zur Gewohnheit machen, die doppelte Menge wie üblich zu kochen, die Hälfte sofort essen und den Rest einfrieren, können Sie viel zusätzliche Arbeit sparen.

Hackbraten in der Form
Bereiten Sie die doppelte Menge zu, servieren Sie die Hälfte heiß und frieren Sie die andere Hälfte ein.
1 große Kartoffel
1 große Zwiebel
100 g Schweinenieren
200 g Schweinebauch
500 g Rinderhack
4 Scheiben Brot
15 ml (1 gestrichener Eßlöffel) Delikateßsenf
30 ml (1 gehäufter Eßlöffel) Tomatenketchup
10 ml (1 gehäufter Teelöffel) Salz
2 Eier
1/2 kg gekochte und zerdrückte Kartoffeln
Die rohe Kartoffel und die Zwiebel in eine Schüssel reiben. Die Nieren und den Schweinebauch durch den Fleischwolf drehen oder fein hacken, mit dem Rinderhack in die Schüssel geben. Das Brot zerbröckeln und Senf, Ketchup, Salz und Eier zugeben. Gut verkneten und in zwei kleine Kastenformen drücken. Mit Folie bedeckt bei Mittelhitze (190 °C/Gas 5) eine Stunde backen. Dann auf eine Servierplatte stürzen, mit Kartoffelbrei bestreichen, mit einer Gabel riffeln und mit Ei oder Milch überpin-

seln. Im heißen Backofen (210 °C/Gas 7) goldbraun backen. Heiß oder kalt in Scheiben aufgeschnitten servieren.
Einfrieren Den Hackbraten aus der Form nehmen, abkühlen. Mit Kartoffelbrei bestreichen und einer Gabel riffeln, dann offen gefrieren, bis der Kartoffelbrei fest ist. In Alufolie verpacken, etikettieren, einfrieren und bis zu 4 Monate lagern.
Zum Essen Mit Ei bestreichen und bei Mittelhitze 1 Stunde backen.

Huhn in Bier

Tauen Sie einige gefrorene Hühner auf und bereiten Sie gleich mehrere Mahlzeiten zu. Man kann das gegarte Gericht ohne weiteres einfrieren (im Gegensatz zum Wiedereinfrieren aufgetauten rohen Geflügels besteht hier keinerlei Gefahr). Nehmen Sie für eine große Gästeschar einen kleinen Puter.

1 Huhn
etwa 2 kg Gewicht, ausgenommen
10 ml (1 gehäufter Teelöffel) gemischte Trockenkräuter
30 ml (2 Eßlöffel) Öl
25 g Butter
4 Scheiben Speck
2 Zwiebeln
1 Knoblauchzehe (nach Belieben)
45 ml (3 gestrichene Eßlöffel) Weizenmehl
5 ml (1 gestrichener Teelöffel) Zimt
1 kleine (65 g) Dose Tomatenpüree
10 ml (1 gehäufter Teelöffel) Zucker
250 ml helles Bier
Salz und Pfeffer

Das Hühnerklein in einen Kochtopf geben, mit Wasser aufgießen und die Trockenkräuter zugeben, eine 3/4 Stunde kochen, durchseihen und die Hühnerbrühe aufbewahren. Das Öl und die Butter in einer großen Bratpfanne erhitzen, Hühnerbrust und -schenkel darin braun braten und in einen großen Topf geben. Die Speckschwarte abschneiden und den Speck in Streifen schneiden. Zwiebel und Knoblauch schälen, die Zwiebel vierteln, den Knoblauch, falls erwünscht, zerdrücken. Speck, Zwiebel und Knoblauch braun anbraten, Mehl und Zimt einrühren. Tomatenpüree und Zucker zugeben und langsam mit dem hellen Bier und 250 ml Hühnerbrühe aufgießen. Unter Rühren aufkochen, mit Salz und Pfeffer abschmecken. Über das Huhn in den Topf gießen, zudecken und bei Mittelhitze (190 °C/Gas 5) etwa 1 Stunde im Backofen garen, bis das Huhn weich ist. Machen Sie die Probe und stechen mit einer Fleischnadel in den Oberschenkel des Huhns; die Flüssigkeit muß klar sein. Kosten und wenn nötig mit Gewürzen abschmecken.
Einfrieren Das Huhn in Portionen zerteilen und in Behältern mit etwas Soße einfrieren, oder das ganze Huhn in Haftfolie packen. Die Soße in einen Gefrier- oder Kochbeutel füllen, die Luft entfernen, verschließen, etikettieren und getrennt einfrieren. Zusammen in einen Gefrierbeutel verpacken und bis zu 4 Monate lagern.
Zum Essen In einen Topf geben und bei schwacher Hitze etwa 1 Stunde braten, oder auftauen und in einem großen Topf erhitzen.

Rindertatar im Topf

Aus aufgetautem, vorgepacktem Rinderhack läßt sich ein gehaltvolles Gericht zubereiten. Nehmen Sie als Hauptgewürz dazu einen besonderen Senf wie Moustarde de Meaux oder einen entsprechenden deutschen Senf für die Soße. Für Gäste können Sie das Rinderhack durch ein Gemisch aus gehacktem Kalbfleisch und Schinken ersetzen.

4 Portionen

1 Tasse Langkornreis
1 Würfel Zwiebelextrakt
2,5 ml (1/2 gestrichener Teelöffel) gemischte Trockenkräuter
90 ml (3 gehäufte Eßlöffel) gehackte Essiggurken, Gewürzgurken oder Mixed Pickles
6 gefüllte Oliven (nach Belieben)
300 g Rinderhack
Salz und Pfeffer

Soße

25 g Margarine
30 ml (2 gestrichene Eßlöffel) Weizenmehl
30 ml (3 gehäufte Teelöffel) Delikateßsenf
50 g Cheddarkäse, gerieben
250 ml Milch
1 Ei, geschlagen

Den Backofen mit Mittelhitze (190 °C/Gas 5) vorheizen. Den Reis in einen Topf geben. Aus dem Würfel eine Tasse Brühe bereiten und mit den Kräutern und einer halben Tasse Wasser über den Reis gießen. Zum Kochen bringen, den Topf zudecken und bei sehr geringer Hitze 15 Minuten kochen. Die Gewürzgurken und Oliven, falls gewünscht, einrühren. Das Fleisch mit einer kräftigen Prise Salz und Pfeffer würzen, eine halbe Tasse Wasser hineinrühren. Die Hälfte des Reises auf den Boden einer feuerfesten Form von 1 1/2 Liter Inhalt geben, dann das Fleisch zur Hälfte darauf legen und den Vorgang wiederholen. Alle Soßenzutaten außer dem Ei in einen Kochtopf geben. Bei mittlerer Hitze schlagen, bis die Soße kocht. Von der Kochstelle nehmen und das Ei nach und nach hineinschlagen. Mit Salz und Pfeffer abschmecken. Über das Fleisch gießen, zugedeckt 15 Minuten backen; dann den Deckel abnehmen und eine weitere 1/2 bis 3/4 Stunde backen, bis die Oberfläche goldbraun ist. Falls gewünscht, mit Gewürzgurken und gefüllten Oliven garnieren.

Einfrieren Das Gericht in einem Alubehälter backen oder die Form mit Alufolie auskleiden und den Inhalt nach dem Gefrieren herausnehmen. Ungebacken nur dann einfrieren, wenn das Hackfleisch nicht tiefgefroren war.

Zum Essen Antauen lassen, dann zugedeckt 1/2 Stunde backen, ohne Deckel wie oben weiterbacken. Wenn das Gericht fertig gebacken eingefroren wurde, eine 3/4 Stunde bei mittlerer Hitze aufbacken.

Ausgebeintes, gefülltes Huhn

1 etwa 2 kg schweres, ausgenommenes frisches Huhn

Füllung

75 g fetter Speck
100 g Hühnerleber
250 g Wurstfleisch vom Schwein
25 g frische Brotkrumen
Salz und Pfeffer
30 ml (1 gehäufter Eßlöffel) gehackte Petersilie
25 g Butter

Die Hühnerleber beiseite legen, das übrige Hühnerklein in einen Topf geben. Das Ausbeinen des Huhns siehe unten.

Füllung Den Speck und die Leber kleinschneiden. Das Fett in einer Pfanne auslassen, dann die Leber zugeben und 5 Minuten garen. Das Wurstfleisch mit den Brotkrumen verkneten, etwas Salz, Pfeffer und die ge-

Das Ausbeinen und Füllen eines Huhns

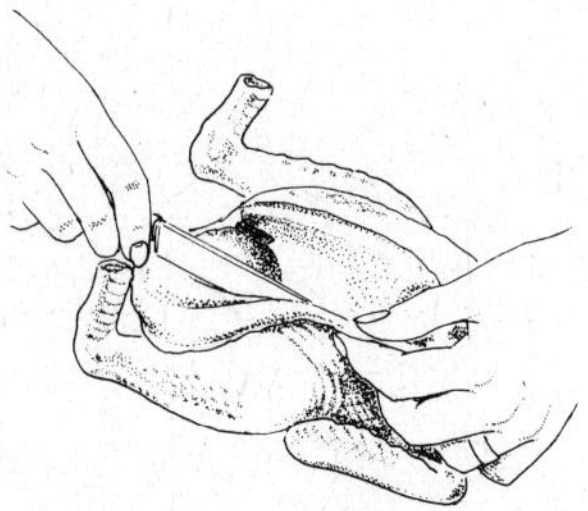

1 Schwanz und Flügelspitzen abschneiden, die unteren Beingelenke durchtrennen. Das Huhn mit der Brust nach unten legen und die Haut längs dem Rücken aufschneiden.

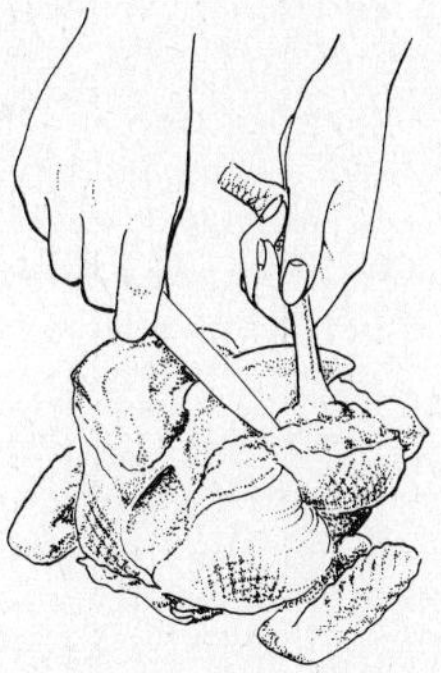

2 Vorsichtig das Rückenfleisch bis zu den Flügel- und Beinknochen ablösen, die Knochen im Gelenk herausdrehen und dann den nächsten Knochen auf dieselbe Weise herauslösen.

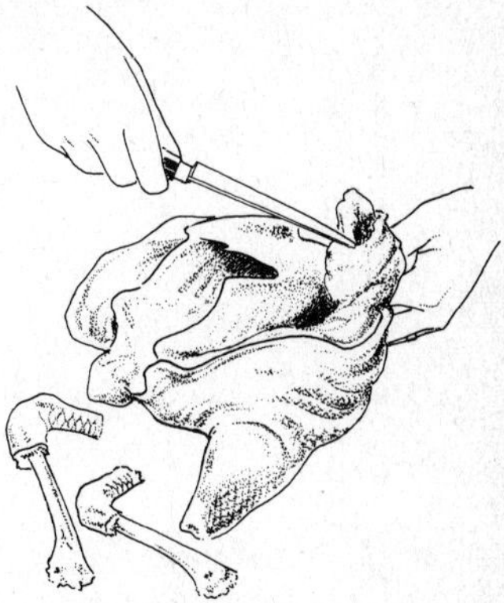

3 Nach dem Entfernen der Bein- und Flügelknochen Beine und Flügel nach innen stülpen.

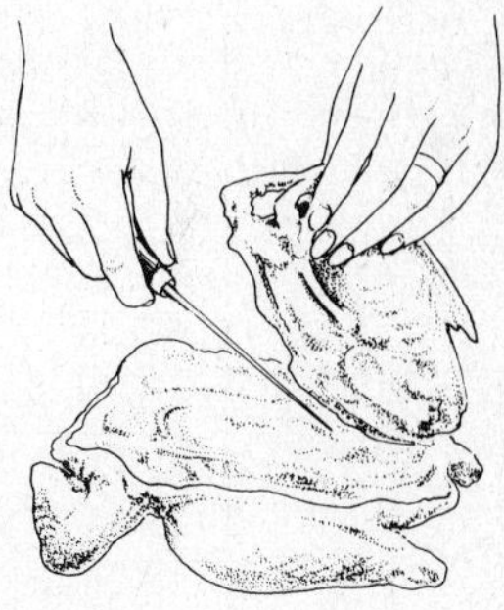

4 Das fest auf Rippen und Brustknochen sitzende Fleisch vorsichtig ablösen, ohne die Haut zu verletzen.

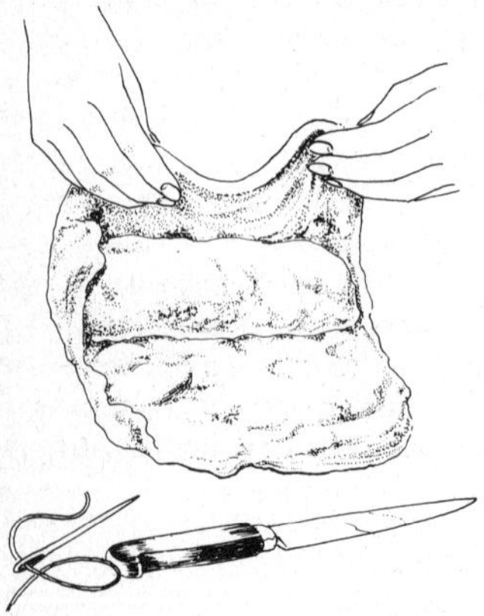

5 Das ausgebeinte Huhn mit der Haut nach unten legen und die Füllung in die Mitte geben.

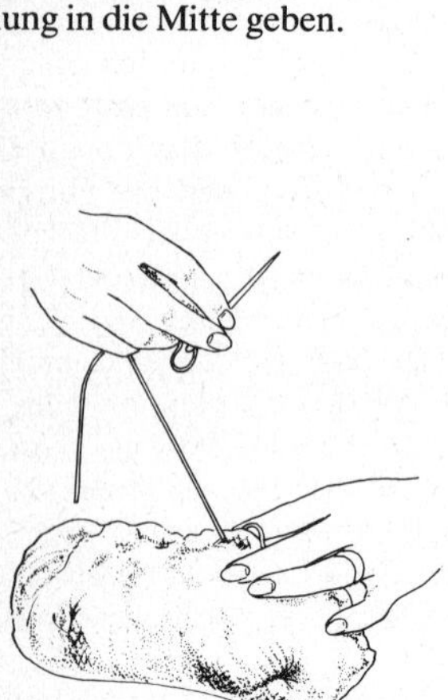

6 Das Huhn um die Füllung wickeln und dann die Haut an beiden Seiten mit dickem Baumwollzwirn zunähen. An beiden Enden einen langen Faden überstehen lassen.

hackte Petersilie zugeben und mit dem Inhalt der Bratpfanne gut vermischen. Das Füllen des Huhns siehe unten. Die Butter in einer Bratpfanne erhitzen, das Huhn mit der Brust nach oben hineinlegen und mit Butter bestreichen. Im Backofen bei Mittelhitze (200 °C/Gas 6) 1 Stunde braten. Heiß mit Gemüse oder kalt mit Salat servieren.

Einfrieren Ungebraten einfrieren oder abkühlen lassen, in Haftfolie verpacken, in einen Gefrierbeutel geben, etikettieren und einfrieren. Bis zu 2 Monate lagern.

Zum Essen Über Nacht im Kühlschrank auftauen. Für ein warmes Gericht wie oben angegeben braten.

Füllung für einen ausgebeinten Truthahn

Für einen 5 kg schweren, bratfertigen Puter braucht man jeweils die doppelte Menge Zutaten wie beim Huhn. Das Wurstfleisch jedoch sollte man durch Leberwurst ersetzen. Den Puter mit der Hälfte der Füllung auslegen, dann 250 g Wurstfleisch vom Schwein in einer Rolle so einlegen, daß sie in die Mitte kommt, dann die restliche Füllung über das Wurstfleisch streichen. Die Puterhaut wie unten beschrieben zunähen.

Rindergulasch

Sparen Sie Zeit, indem Sie von dieser Fleischmischung eine größere Menge zubereiten und als Grundlage zu verschiedenen Fleischgerichten verwenden. Die Garzeit etwas verkürzen, da die Speisen noch ein zweites Mal aufgekocht werden.

2 kg Rinderschmorfleisch
250 Rindernieren
50 g Stärkemehl

10 ml (2 gestrichene Teelöffel) Salz
5 ml (1 gestrichener Teelöffel) Pfeffer
1/2 kg Zwiebeln
250 g Karotten
4 Stangen Sellerie
50 g Schweineschmalz
1 Liter Rinderbrühe
braune Bratensoße (nach Belieben)

Das Fleisch von Fett und Sehnen befreien und in Würfel schneiden. Die Nieren in kleine Stücke schneiden. Stärkemehl, Salz und Pfeffer in einer Schüssel vermischen und das Fleisch mit den Nieren darin wälzen. Die Zwiebeln, Karotten und Sellerie putzen und in Scheiben schneiden. Das Schweineschmalz in einem großen Kochtopf zergehen lassen und das Gemüse darin goldbraun dünsten. Aus dem Topf herausnehmen und das Fleisch einlegen. Unter gelegentlichem Umrühren bräunen. Das übriggebliebene, gewürzte Stärkemehl einrühren, dann das Gemüse in den Kochtopf zurückgeben. Die Fleischbrühe nach und nach zugießen und zum Kochen bringen. Zudecken, die Hitze zurückschalten und so lang simmern lassen, bis das Fleisch gar ist (etwa 1 1/2 Stunden). Wahlweise kann man es auch im Schnellkochtopf bei hohem Druck 1/2 Stunde kochen, dann nur 3/4 Liter Brühe verwenden; oder im Backofen bei leichter Hitze (150 °C/Gas 2) 1 1/2 Stunde garen. Etwas braune Bratensoße einrühren. In Kochbeutel verpacken oder vorgeformte Packungen daraus machen.

Rinderpastete Fertigen Blätterteig 1 cm dick ausrollen und zu einer ovalen Form zurechtschneiden. Den Teig etwa 2,5 cm vom Rand entfernt zur Hälfte einschneiden, damit sich ein Rand bildet. Mit verklopftem Ei bestreichen und im heißen Backofen (210 °C/Gas 7) backen, bis der Teig aufgegangen und goldbraun ist. Die Mitte abheben, weiche Teigreste herauskratzen und weitere 5 Minuten backen, bis sich eine Kruste bildet. Mit der Gulaschmasse (wie oben) füllen und den Pastetendeckel auflegen.

Hausgemachte Würstchen

Bereiten Sie erst eine kleinere Menge davon zu und finden Sie heraus, welche Geschmacksrichtung und welche Gewürze Ihnen am besten zusagen.

1 kg Schweinebauch
4 Scheiben Brot
90 ml (6 Eßlöffel) Milch
Salz und Pfeffer
frischer oder getrockneter Salbei und Majoran
gemahlener Koriander

Das Fleisch von Schwarte und Knochen befreien, in Streifen schneiden und grob hacken. Das Brot zerbröckeln, eine Scheibe durch die Fleischmaschine drehen und das übrige mit 30 ml (2 Eßlöffel) Milch in einer Schale einweichen. Mit einer Gabel zerdrücken, dann zusammen mit 15 ml (1 gestrichener Eßlöffel) gehacktem frischen Salbei und Majoran oder 5 ml (1 gestrichener Teelöffel) Trockenkräutern zum Fleisch geben, 2,5 bis 5 ml (1/2 bis 1 gestrichener Teelöffel) gemahlenen Koriander zugeben. Gut vermengen, dann daraus Würstchen formen und in einem Teller mit knusprig braun gerösteten Semmelbröseln wälzen.

Einfrieren Auf einem Backblech 1 Stunde lang offen einfrieren, dann einpacken. Bis zu zwei Monate lagern.

Zum Essen Gefroren oder aufgetaut braten oder grillen.

Java-Koteletts
4 Portionen
2 mittelgroße Zwiebeln
1 Stange Sellerie
1 Streifen Orangenschale (ungespritzt)
Butter
4 Koteletts oder Steaks vom Schwein
5 ml (1 gestrichener Teelöffel) Currypulver
15 ml (1 gestrichener Eßlöffel) Stärkemehl
1 Würfel Hühnerbrühe
30 ml (2 Eßlöffel) Zitronensaft
30 ml (2 Eßlöffel) fettarme Sahne

Die Zwiebeln schälen und in Scheiben schneiden, den Sellerie waschen und schneiden. Die Orangenschale fein hacken. Die Butter in einer großen Bratpfanne zergehen lassen und die Koteletts rasch bräunen, dann aus der Pfanne heben. Zwiebeln, Sellerie, Orangenschale und Currypulver anbraten, bis die Zwiebeln goldbraun sind. Das Stärkemehl zugeben und den in 250 ml kochendem Wasser gelösten Würfel Hühnerbrühe zugießen. 125 ml Milch einrühren, zum Kochen bringen, das Fleisch zurückgeben, zudecken und simmern lassen, bis es gar ist (etwa 1/2 Stunde). Wenn erforderlich, mit Salz und Pfeffer abschmekken, dann den Zitronensaft und die Sahne einrühren. Mit Bandnudeln servieren.

Einfrieren Das Fleisch in einen Behälter aus Alufolie einlegen, mit Soße übergießen und mit dem Deckel verschließen. Etikettieren, kühlen und einfrieren. Bis zu 2 Monate lagern.

Zum Essen Bei Zimmertemperatur oder im Kühlschrank auftauen. Den Deckel abnehmen und 1/2 Stunde im mittelheißen Backofen backen. Das gefrorene Gericht etwa 50 Minuten erhitzen.

Huhn Stroganoff
Für eine rasche Mahlzeit zu besonderem Anlaß ist das Huhn Stroganoff ganz besonders geeignet. Auch mit Puter herzustellen.
4 Portionen
4 Hühnerbrüste
30 ml (1 gehäufter Eßlöffel) Weizenmehl
8 Schalotten
Salz und Pfeffer
50 g Butter
100 g kleine Champignons
125 ml Weißwein oder Hühnerbrühe
125 ml saure Sahne
gehackte Petersilie

Haut und Knochen vom Hühnerfleisch entfernen (für Hühnerbrühe verwenden), und das Fleisch in dünne Streifen schneiden. Das Mehl mit 5 ml (1 gestrichener) Teelöffel Salz und einer kräftigen Prise Pfeffer mischen und das Hünnerfleisch darin wälzen. Die Schalotten schälen und in Scheiben schneiden. Die Butter in einer großen Bratpfanne zergehen lassen und die Schalotten 2 Minuten darin dünsten. Das Hühnerfleisch zugeben und unter gelegentlichem Umrühren etwa 7 Minuten braten, bis es goldbraun ist. Die gewaschenen Pilze in die Pfanne geben und 2 Minuten schmoren. Unmittelbar vor dem Auftragen den Wein einrühren und unter heftigem Kochen auf die Hälfte eindicken. Von der Kochstelle nehmen und die saure Sahne einrühren. Leicht erhitzen, aber nicht kochen lassen. Mit gehackter Petersilie bestreuen und sofort mit Bandnudeln oder Reis servieren.

Die Abbildung hier zeigt gefüllte Zwiebeln, Java-Koteletts und hausgemachte Würstchen.

Puterrolle
Die Brust eines zerlegten Puters ergibt einen vorzüglichen warmen oder kalten Braten. Als Variation kann man statt der Schweinefleischfüllung eine Wurstfüllung verwenden.
8 Portionen
Eine Puterbrust
Salz und Pfeffer
250 g gesalzener oder frischer Schweinebauch
2 Scheiben Brot
2,5 ml (1/2 gestrichener Teelöffel) getrockneter Thymian
Den Backofen auf 200 °C/Gas 6 erhitzen. Das Puterfleisch mit Salz und Pfeffer einreiben. Bauchfleisch ohne Schwarte und Knochen mit dem Brot durch die Fleischmaschine drehen. Mit dem Thymian, etwas Salz und Pfeffer vermischen. Auf die Unterseite des Brustfleisches streichen und aufrollen. In einem zugedeckten Topf 1 Stunde braten. Aus dem Bratensatz eine Soße herstellen und den Braten warm mit gerösteten Kartoffeln und Gemüse oder kalt mit Salat servieren.

Hackbraten als Grundgericht
Ein Vorrat gegarten Hackfleisches kann als Grundlage für eine Reihe von Gerichten dienen, die sich im Gefriergerät bis zu 3 Monate lagern lassen.
12 Portionen
1 1/2 kg Rinderhack
250 g Lammleber
1/2 kg Zwiebeln
25 g Schweineschmalz
125 g Dose Tomatenpüree
10 ml (1 gehäufter Teelöffel) gemischte Trockenkräuter
3 Würfel Rinderbrühe
50 g Stärkemehl
Salz und Pfeffer
Die Zwiebel schälen und kleinschneiden. Die Leber mit dem Schweineschmalz in einen großen Kochtopf geben und langsam garen, bis sie fest ist. Aus dem Topf nehmen und kleinschneiden. Das Rinderhack und die Zwiebeln in den Topf geben, bei kleiner Hitze braten, bis die Zwiebeln braun sind. Das Tomatenpüree, die Kräuter und die Leber hineinrühren. Die Brühwürfel in einem Liter kochendem Wasser auflösen und in den Topf gießen, zudecken und 1 Stunde simmern lassen. Das Stärkemehl mit etwas Wasser anrühren, Salz, Pfeffer und braune Bratensoße zugeben und in die Fleischmasse einrühren. Kosten und, falls erforderlich, mit Salz und Pfeffer nachwürzen.
Einfrieren Wie Rindergulasch.

Zu den folgenden Gerichten verwenden:
Spaghetti bolognese Mit Spaghetti servieren und mit Parmesankäse bestreuen.
Lasagne (4 Personen) Lasagne-Teigblätter (250 g) halb gar kochen, abtropfen lassen und den Boden einer flachen, länglichen feuerfesten Form mit einer Schicht belegen. Die Hälfte der Hackfleischmischung (ein Drittel der im Rezept angegebenen Grundmenge) darübergeben, darüber eine Schicht pikanter weißer Soße, die mit 1/2 Liter Milch hergestellt wird. Die Schichtenfolge wiederholen, mit geriebenem Parmesankäse bestreuen. Mit Folie abdecken, etikettieren, kühlen und einfrieren.
Zum Essen Den Deckel abnehmen, Butterflöckchen daraufgeben und gefroren in den Backofen stellen, bei Mittelhitze (190 °C/Gas 5) etwa 1 Stunde backen.

Nachspeisen und Kuchen

Auch sehr empfindliche Nachspeisen wie Schaum- und Sahnecremes lassen sich ausgezeichnet einfrieren. Käsekuchen ist ideal zur Lagerung geeignet. In großen Mengen zubereitet, kann man den Überschuß einfrieren, wobei sich der Geschmack im Gefriergerät noch verbessert. Teig kann ebenfalls gefroren aufgebacken werden.

Obstschaumcreme
Verwenden Sie frisches oder gefrorenes Obstpüree oder Obst aus der Dose und im Geschmack entsprechende Gelatine.
1 Päckchen Gelatine
kochendes Wasser (oder Fruchtsirup aus der Dose)
125 ml gesüßtes Fruchtpüree
125 ml Sahne oder Kondensmilch
Zitronensaft (nach Belieben)
Lebensmittelfarbe (nach Belieben)
Die Gelatine in einen Meßbecher geben und mit 250 ml kochendem Wasser oder Fruchtsirup aufgießen;

durchrühren, bis sie sich aufgelöst hat und dicklich wird. Die Kondensmilch oder Sahne steif schlagen, dann das Obstpüree und zum Schluß die dick gewordene Gelatine darunterziehen. Zitronensaft und Farbe unterrühren, falls Geschmack und Farbe das erfordern. In Dessertbecher aus Kunststoff, einzelne Geleeförmchen oder in eine $^3/_4$ Liter Geleeform füllen. Mit Deckel versehen, etikettieren, kühlen und einfrieren. Bis zu 3 Monate lagern.
Zum Essen $1^1/_2$ Stunden bei Zimmertemperatur oder 5 Stunden im Kühlschrank auftauen. Zusammen mit etwas Obstpüree, Früchten oder Sahne servieren.

Kalte Zitronen-Käsetorte
Die Soufflémischung eignet sich auch für größere Tischgesellschaften, da sie sich leicht in sechzehn Portionen aufteilen läßt.
150 g Butterkekse
5 ml (1 gestrichener Teelöffel) Zimt
50 g Butter
30 ml (2 gestrichene Eßlöffel) gelber Sirup
Belag
1 Päckchen (15 ml oder 1 gestrichener Eßlöffel) Gelatine
2 Eier
1 Zitrone
1 mittelgroße Orange (ungespritzt)
100 g Zucker
325 g Hüttenkäse oder Quark
125 ml Sahne
Die Kekse zerbröckeln und mit dem Zimt, der zerlassenen Butter und dem Sirup vermischen. In eine Springform von 20 cm Durchmesser geben und

mit einem Löffelrücken gut festdrücken.

Belag 3 Eßlöffel Wasser in eine Tasse geben und die Gelatine darüber streuen. Die Eier aufschlagen, Dotter und Eiweiß getrennt in Schüsseln geben. Zitronen- und Orangenschalen abreiben, aus der Mitte der Früchte eine Orangenscheibe und zwei Zitronenscheiben herausschneiden und zum Dekorieren beiseite legen. Die geriebene Schale zu den Dottern geben, dann den Saft auspressen und dazugießen. Den Zucker einrühren und die Mischung über einem Topf kochendem Wasser mit dem Schneebesen schlagen, bis sie fest ist. Die gelöste Gelatine dazugeben und schlagen, dann die Schüssel aus dem Wasser nehmen. Den Hüttenkäse durch ein Sieb streichen und einrühren, so lange schlagen, bis die Mischung fast erstarrt. Das Eiweiß fest, aber nicht ganz trocken schlagen und mit einem Metallöffel unter die Mischung ziehen.

In die Springform gießen und im Kühlschrank erstarren lassen. Die Form auf eine kleinere Unterlage stellen und die Seite der Springform abnehmen. Mit Orangen- und Zitronenscheiben dekorieren.

Einfrieren Ohne Dekoration auf dem Formboden offen einfrieren. Den Boden entfernen und nach dem Erstarren in Alufolie packen, zukleben, etikettieren und bis zu 3 Monate lagern.

Auftauen Über Nacht im Kühlschrank oder 6 Stunden bei Zimmertemperatur auftauen lassen.

Battenberg-Charlotte

Ergibt 8 Portionen

1 Battenberg-Kuchen (zweifarbiger Rührteig, in Kastenform gebacken)
1 kleine Dose Fruchtcocktail
1 Päckchen Zitronengelatine
1 kleine Dose Kondensmilch
Schlagsahne

Eine Kastenform von 1 Liter Inhalt mit Fettpapier oder Alufolie auslegen. Den Kuchen in 8 Scheiben schneiden und entlang der Seitenwände aufstellen, wenn nötig, zurechtschneiden. Den Saft des Fruchtcocktails in einen Topf abgießen, die Gelatine zugeben und erwärmen, bis sie sich aufgelöst hat; in einen Meßbecher gießen und mit kaltem Wasser auf 250 ml auffüllen. 30 ml (2 Eßlöffel) Gelee in einen kleinen Teller geben und 30 ml (2 Eßlöffel) Wasser einrühren. Jedes Kuchenstück mit einem Ende in das Gelee tauchen und gegen die Form festdrücken. Einige Fruchtstücke mit einer Kirsche in der Mitte auf den Bo-

Schaumige Nachspeisen wie diese Stachelbeeren- und Schwarze-Johannisbeeren-Schaumcremes lassen sich gut im Gefriergerät lagern. Außerdem sind abgebildet eine Zitronen-Käse-Torte, eine Battenberg-Charlotte und Erdbeer-Mandelcreme mit Erdbeerpüree.

den der Form verteilen. Das übrige Gelee darübergießen und zum Erstarren in den Kühlschrank stellen. Die Kondensmilch steif schlagen. 30 ml (2 Eßlöffel) Wasser zu dem Gelee im Meßbecher geben und unter die Milch schlagen, den restlichen Fruchtcocktail unterziehen und in die Form gießen, zum Erstarren in den Kühlschrank stellen.

Zum Essen Auf eine Servierplatte stürzen, Papier oder Folie entfernen und mit Sahne und kandierten Kirschen (rot und grün) am Fuß der Torte verzieren.

Einfrieren In den Gefrierschrank stellen, aus der Form nehmen und mit zusätzlicher Alufolie oder Fettpapier verpacken. Bis zu 2 Monate lagern. Auswickeln und auf einer Servierplatte auftauen lassen.

Janne's Pavlova

Auf allgemeinen Wunsch erschien ein Mädchen namens Janne auf Partys in Neuseeland mit dieser zarten Meringentorte (benannt nach einer russischen Tänzerin, Anm. d. Üb.). Sie hält sich nicht in der Form und wird am besten eingefroren.

3 Eiweiß
5 ml (1 Teelöffel) Weinessig
100 g Streuzucker
125 ml geschlagene Sahne
Obst, frisch, gefroren oder aus der Dose

Den Backofen bei mittlerer Hitze (200 °C/Gas 6) vorheizen. Den Boden und die Seiten einer Tortenform von 20 cm Durchmesser einfetten. Das Eiweiß steif schlagen (achten Sie darauf, daß kein Eigelb dabei ist und daß weder Schüssel noch Schneebesen fettig sind). Den Weinessig einschlagen, dann unter ständigem Schlagen nach und nach den Zucker zugeben. In die Form streichen, in die Mitte des Backofens stellen und die Hitze herunterschalten (100 °C/Gas 1/4). 1/2 Stunde backen, dann den Backofen ausschalten und die Pavlova darin erkalten lassen.

Zum sofortigen Verzehr Auf eine Servierplatte stürzen, Schlagsahne darüber streichen und mit Früchten verzieren.

Einfrieren Auf ein Stück Folie stürzen, das Papier abziehen, in Alufolie einwickeln, etikettieren und einfrieren.

Auftauen Auswickeln, die gefrorene Pavlova auf einen Servierteller legen, 3 Stunden bei Zimmertemperatur auftauen und mit Sahne und Früchten verzieren.

Erdbeer-Mandelcreme

6 Portionen

Die Creme gehört zu den schnellsten und leckersten Nachspeisen. Wenn man es süßer mag, kann man die Makronen durch Meringen ersetzen. Kräftig schmeckende Beeren wie Himbeeren eignen sich am besten als Soße, wenn man Meringen vorzieht.

75 g Mandelmakronen
Butter
200 ml fette Sahne
30 ml (3 gehäufte Teelöffel) Streuzucker
125 ml saure Sahne
250 ml gesüßtes Erdbeerpüree
10 ml (2 Teelöffel) Zitronensaft

Eine Makrone fein zerbröckeln, die übrigen zerschneiden. Eine Gelee-Form aus Metall (1/2 Liter Inhalt), eine Bombenform oder eine Tortenform von 15 cm Durchmesser mit Butter ausfetten. Die zerbröckelte Makrone in die Form geben und gut ausstreuen.

Die Sahne mit dem Zucker zusammen steif schlagen. Die saure Sahne darunterziehen, dann die Makronenbrocken einrühren. In die Form geben, mit Folie abdecken, etikettieren und einfrieren. Bis zu 2 Monate lagern.
Zum Essen Die Form 1 Stunde vor dem Servieren in das Gefrierfach des Kühlschrankes stellen. Das Erdbeerpüree mit dem Zitronensaft verrühren und in einen Krug füllen. Dann die Form kurz in heißes Wasser tauchen und die Creme auf einen Servierteller stürzen.

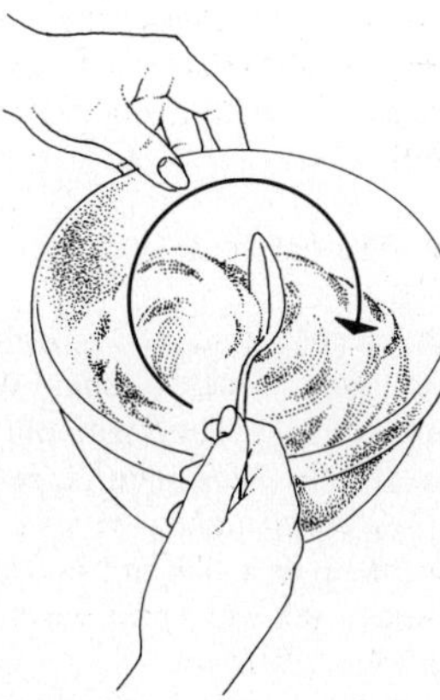

Das Unterziehen der zerbröckelten Makronen.

Himbeer-Mandeltorte
Für eine Party in einer großen (30 cm) Tortenform backen.
Teig
125 g Butter
200 g Mehl mit 2 gestrichenen Teelöffeln Backpulver
50 g Streuzucker
1 Ei
Füllung
100 g weiche Margarine
100 g Streuzucker
100 g gemahlene Mandeln
25 g Reismehl
Mandelessenz
2 Eier
2 Biskuitkuchen
1/2 kg Himbeeren
Pfirsiche, Aprikosen, Birnen oder Kirschen (frisch, gefroren oder aus der Dose)
Aprikosenmarmelade
braun geröstete Mandelblättchen
Die Butter mit dem Mehl, 50 g Zucker und mit dem verschlagenen Ei zu einem glatten Teig verkneten und kühl stellen. Die Margarine mit 100 g Zukker, gemahlenen Mandeln und Reismehl verrühren, die Mandelessenz und die Eier zugeben. Den Teig passend auf 2 Tortenformen von 20 cm ausrollen, auf die Böden jeweils eine Schicht zerbröckelten Biskuitkuchen und darauf eine Schicht Himbeeren verteilen. Die Mandelfüllung darüber geben und bei Mittelhitze (190 °C/ Gas 5) etwa 35 Minuten goldbraun backen.
Einfrieren Auf der Tortenform offen einfrieren, dann in Folie verpacken, etikettieren und bis zu 3 Monate im Gefriergerät lagern.
Zum Essen Auftauen, mit warmer, durch ein Sieb gedrückter Marmelade bestreichen und mit Nüssen bestreuen. Mit Sahne servieren.

Gemischte Obsttorte
Die süßen und säuerlichen Früchte, die in diese Obsttorte gefüllt werden, sind von einem goldbraunen Biskuitteig zugedeckt.
Mürbeteig aus 150 g Mehl
300 g vorbereitetes Obst (Äpfel,

Birnen, Pfirsiche, Aprikosen, Himbeeren, gefroren oder aus der Dose)
1 Ei
50 g Streuzucker
Vanille-Essenz
25 g Mehl mit etwas Backpulver
Aprikosenmarmelade
Mandelblättchen

Den Backofen mit Mittelhitze (200 °C/Gas 6) vorheizen. Den Teig ausrollen und damit eine Springform von 20 cm auslegen, das Obst auf den Teig geben. Ei und Zucker steif schlagen, ein paar Tropfen Vanille-Essenz zugeben und dann das Mehl darunter heben; über die Früchte streichen und in die Mitte des Backofens stellen, 1/2 Stunde backen. Den Ring der Springform abnehmen und noch weitere 5 Minuten backen.

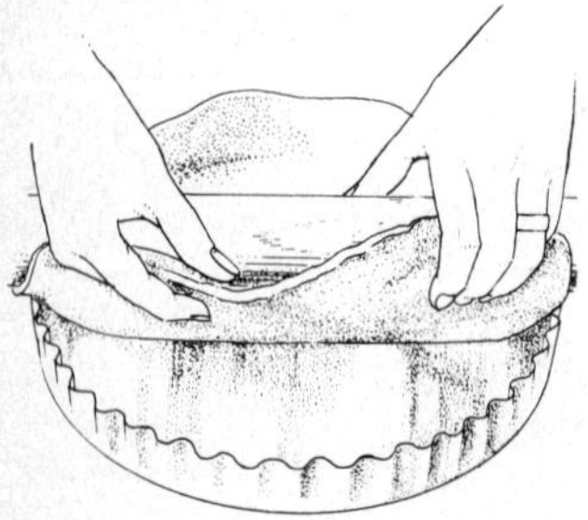

Wickeln Sie den Teig um das Wellholz, wenn Sie die Kuchenform auslegen.

Zum sofortigen Verbrauch Die Oberfläche mit der durch ein Sieb gestrichenen Aprikosenmarmelade bestreichen und mit Mandelblättchen bestreuen. Warm oder kalt mit Sahne oder Vanillecreme servieren.

Einfrieren Ohne Marmelade und Mandelblättchen einpacken, etikettieren, kühlen und einfrieren. Bis zu 3 Monate lagern.

Auftauen Auspacken, auf eine Tortenplatte legen und etwa 4 Stunden bei Zimmertemperatur auftauen lassen. Mit Marmelade und Mandeln dekorieren. Zum warm machen auf ein Backblech stellen und bei Mittelhitze (180 °C/Gas 4) etwa 40 Minuten backen. Mit Marmelade und Mandeln garnieren.

Gehaltvoller Käsekuchen

Dieser Käsekuchen schmeckt sehr kräftig nach Weichkäse und hat auch die entsprechende Struktur. Im Ganzen oder in Stücke geteilt einfrieren.

Boden

100 g Mehl mit 1 gestrichenem Teelöffel Backpulver
50 g Butter
50 g Puderzucker
1 Eigelb

Belag

75 g Butter
50 g Streuzucker
2,5 ml (1/2 Teelöffel) Vanille-Essenz
1 Eigelb
Schale und Saft einer halben ungespritzten Zitrone
25 g Stärkemehl
1/2 kg mittelfetter Quark
150 ml saure Sahne
50 g Rosinen (nach Belieben)
2 Eiweiß

Den Backofen bei Mittelhitze vorheizen (180 °C/Gas 4). Für den Teigboden das Mehl in eine Schüssel geben und die Butter damit vermengen. Puderzucker und Eigelb einrühren und zu einem festen Teig glatt verkneten. Ausrollen und auf den Boden einer Springform von 20 cm Durchmesser geben. In der Mitte des Backofens goldbraun backen (etwa 25 Minuten). Für den Belag die Butter und den Streuzucker zusammen cremig rühren, die Vanille-Essenz, Eigelb, Schale und Saft der Zitrone und Stärkemehl zugeben, danach den Quark, die saure Sahne und nach Belieben die Rosinen. Das Eiweiß steif schlagen, dann unter die Käse-Mischung heben und mit einem Metallöffel durchrühren. Auf den Tortenboden geben und auf der mittleren Schiene 45 Minuten lang backen. In der Form auskühlen lassen, herausnehmen und über Nacht im Kühlschrank durchkühlen. Man kann den Käsekuchen eine Woche lang im Kühlschrank aufbewahren.

Einfrieren Den Rand ablösen, die Form auf eine kleinere Unterlage stellen und die Seitenwand entfernen. Auf dem Formboden einfrieren, dann herunternehmen, in Folie wickeln, etikettieren und in das Gefriergerät zurückgeben.

Auftauen Auspacken und auf eine Tortenplatte legen. Über Nacht im Kühlschrank oder 6 Stunden bei Zimmertempcratur auftauen lassen. Wenn man in Eile ist, 1 Stunde auftauen lassen und dann in Stücke schneiden.

Schneller Käsekuchen

Dieser Käsekuchen mit cremigem Boden ergibt drei Kuchen von 15 cm oder zwei Kuchen von 20 cm Durchmesser auf entsprechenden Formen aus Alufolie. Mit einem Belag aus frischen, eingemachten oder gefrorenen Früchten oder mit Schlagsahne und Schokoladenkringeln verzieren.

Teigboden

75 g Butter
150 g Butterkeks
75 g Streuzucker

Die Schokolade in einer Schüssel über kochendem Wasser zergehen lassen und gelben Sirup zugeben, bis die Schokoladensoße fertig ist.

Das Aufspritzen der Schokolade auf die Sahnerosetten.

Käsebelag
1 Zitronengelee
100 g Butter
250 ml Milch
2,5 ml (½ Teelöffel) Vanille-Essenz
100 g magerer oder mittelfetter Hüttenkäse oder Quark
100 g vollfetter Sahnekäse
Schale und Saft von ½ kleinen ungespritzten Zitrone
150 ml saure Sahne

Früchtebelag
frische, eingemachte oder gefrorene Früchte
Schlagsahne
Stärke- oder Kartoffelmehl

Für den Teigboden die Butter in einem Kochtopf schmelzen. Die Kekse im Mixer zerkleinern und die Krümel mit dem Zucker in den Topf geben. Gut vermengen und dann die Böden und Seiten der Aluformen damit auskleiden, kühl stellen.

Für den Käsebelag das Zitronengelee in den Mixer geben. Butter und Milch in einem Topf zum Kochen bringen, in den Mixer geben und zu einer glatten Mischung schlagen. Die übrigen Zutaten für den Käsebelag dazugeben und glatt vermischen. Den Mixer in den Kühlschrank stellen, bis die Mischung fast gestockt ist, dann die Seiten mit einem Spachtel abkratzen, den Deckel aufsetzen und schaumig schlagen. Auf die Böden verteilen und im Kühlschrank fest werden lassen. Den Früchtebelag vor oder nach dem Einfrieren auflegen.

Für den Früchtebelag das Obst vorbereiten, wenn nötig abtropfen lassen und den Saft mit Stärke- oder Kartoffelmehl andicken, (mit Stärkemehl wird die Glasur flockig). Die Früchte auf dem Käsebelag verteilen und mit angedicktem Sirup übergießen. Statt dessen kann man die Kuchen auch mit Schlagsahne und Schokoladenkringeln verzieren.

Einfrieren Kuchen ohne Früchtebelag mit Folie bedecken und etikettieren, mit Früchtebelag vor dem Verpacken offen einfrieren.

Auftauen Auspacken, auf eine Tortenplatte geben und über Nacht im Kühlschrank oder 4 bis 6 Stunden bei Zimmertemperatur auftauen lassen.

Maraschino-Eistorte

6 bis 8 Portionen

Biskuitboden
50 g Streuzucker
1 Ei
25 g Mehl mit einer Spur Backpulver
25 g Stärkemehl

Belag
50 g Mandelmakronen
25 g Kochschokolade
12 Kugeln Vanille-Eis
1 kleines Glas (110 g) Maraschino-Kirschen
125 ml fette Sahne
10 ml (1 gehäufter Teelöffel) Zucker

Den Backofen vorheizen (200 °C/Gas 6). Den Boden einer Springform von 20 cm Durchmesser mit Fettpapier auslegen. Zucker und Eier dick schlagen, Mehl und Stärkemehl sieben und unter die Eiermischung heben. In die Form gießen und in der Ofenmitte 20 Minuten goldbraun backen. Aus der Form nehmen, das Papier abziehen, den Boden wieder in die Form zurückgeben und auskühlen lassen. Die Makronen zerbröckeln, zwei Schokoladenwürfel zurücklegen, den Rest feinhacken. Zusammen mit den Eiskugeln in eine Schüssel geben. Vier Kirschen zur Seite legen, die übrigen mit dem Sirup zugeben. Rasch vermengen bis die Masse etwas gebunden ist, dann über den Biskuitboden geben und mit der Form einfrieren.

Zum sofortigen Verbrauch Auf eine Unterlage stellen, die Seiten und den Boden der Form entfernen. Die Sahne mit dem Zucker steif schlagen und 16 Rosetten auf den Rand der Torte spritzen. Die übrigen Kirschen halbieren und in jede zweite Rosette geben. Die Schokolade schmelzen, in einen Spritzbeutel aus Fettpapier füllen, die Spitze abschneiden und feine Linien auf die übrigen Rosetten spritzen. Bis zum Servieren in das Gefriergerät oder ins Gefrierfach des Kühlschrankes stellen.

Einfrieren Auf dem Formboden offen einfrieren. Die Kirschen und die Schokolade gesondert in Haftfolie packen. Den Formboden abnehmen, die Torte in Haft- oder Alufolie verpacken, etikettieren und bis zu zwei Monate lagern. Die Sahne in 16 Rosetten auf ein Stück Folie setzen, offen einfrieren und dann zusammen mit dem Boden und der übrigen Garnierung in einen Gefrierbeutel geben.

Zum Essen Auspacken, auf eine Servierplatte geben und die Sahnerosetten auf dem Rand verteilen. Mit Kirschen und Schokolade verzieren.

Profiteroles

50 g Margarine
75 g Weizenmehl
2 Eier
250 g fette Sahne
10 ml (1 gehäufter Teelöffel) Zucker
75 g Kochschokolade
75 g gelber Sirup

Den Backofen vorheizen (200 °C/Gas 6). Ein Backblech einfetten. Die Margarine in einem Topf mit 125 ml Wasser erhitzen und zum Kochen bringen. Von der Kochstelle nehmen und das Mehl auf einmal zugeben. Mit einem Holzlöffel schlagen, bis sich ein Kloß bildet und das Gemisch sich vom Topf löst. Dic Eier aufschlagen und nach und nach unterrühren. Mit einem Teelöffel etwa 30 Häufchen Teig auf das Backblech setzen. Man kann auch einen Spritzbeutel aus Nylon mit einer langen Tülle dazu benutzen. In der Mitte des Backofens 30 bis 35 Minuten backen, bis die Häufchen aufgegangen und goldbraun sind. Die Häufchen aufschneiden, damit der Dampf entweichen kann. Die Sahne mit dem Zucker steif schlagen und das Gebäck damit füllen. Für die Soße Schokolade und Sirup in eine Schüssel geben und über einem Topf kochendem Wasser rühren, bis alles geschmolzen ist.

Zum Servieren die Gebäckstücke auf einen Servierteller aufschichten und etwas Soße darüber geben. Die übrige Soße gesondert reichen.

Einfrieren Die gefüllten Profiteroles in einen Gefrierbeutel geben, die Soße in einen Becher füllen und einfrieren. Dann zusammen mit dem Gebäck in einem Gefrierbeutel verpacken.

Zum Essen Das Gebäck im Kühlschrank auftauen lassen und mit Schokoladesoße servieren.

Eiscreme auf Lager

Heutzutage ist es einfach, im Gefriergerät einen Vorrat fertig gekaufter oder selbstgemachter Eiscreme anzulegen. Die vielseitige Speise kann mit Soßen, Früchten, Schokolade und Nüssen angerichtet oder zu einer üppigen Eistorte verarbeitet werden.

Die Zubereitung vorzüglicher Eiscreme

Eiscreme kann auf einer Grundlage aus Sahne oder Vanillesoße hergestellt werden – je gehaltvoller die Mischung, desto weicher wird das Eis. Durch geschicktes Vermischen läßt sich auch die Struktur weniger aufwendiger Eiscreme-Sorten verbessern. Wiederholtes Umrühren bewirkt die Bildung kleiner Eiskristalle. Dies läßt sich leicht durch eine Eismaschine erreichen, in der das Gemisch während des Frierens durch Spatel umgerührt wird. Es gibt von Hand gekurbelte Modelle mit großem Fassungsvermögen und einem Spatelmechanismus, aber auch kleine, elektrisch betriebene Eismaschinen, die in den Gefrierschrank oder ins Gefrierfach eines Kühlschrankes passen. Man kann die Creme andrerseits auch im Gefriergerät oder im Gefrierfach halb durchfrieren lassen, dann aufschlagen und fest gefrieren lassen.

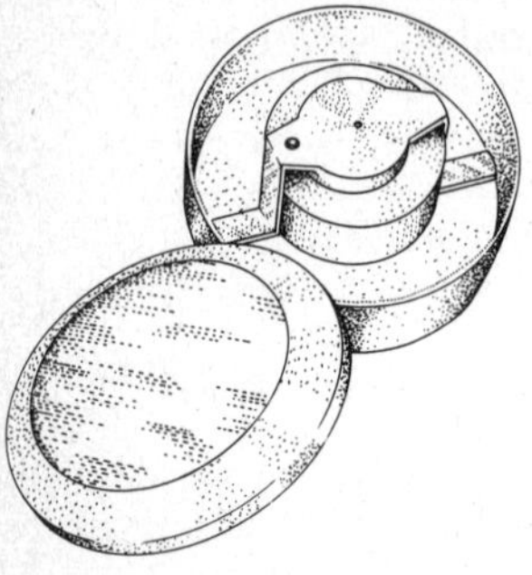

Mit einem kleinen elektrisch betriebenen Rührgerät kann man sehr weiche Eiscreme herstellen.

Die Lagerung von Eiscreme

Zur leichteren Entnahme längliche Kunststoffdosen verwenden und mit einem Deckel verschließen. Kleine Behälter eignen sich am besten. Bis zu 3 Monate lagern.

Das Servieren von Eiscreme

Damit Geschmack und Konsistenz der Eiscreme am besten zur Geltung kommen, ist es wichtig, sie mit der richtigen Temperatur zu servieren. Stellen Sie den Behälter mindestens eine Stunde vor dem Essen in das Gefrierfach des Kühlschrankes. Benutzen Sie einen Portionierlöffel, mit dem Sie das Eis in dünnen Schichten von der Oberfläche abheben. Achten Sie auf eine waagrechte Oberfläche im Behälter.

Eis am Stiel

Im einschlägigen Fachhandel sind hübsche Förmchen für die Herstellung von Eis am Stiel erhältlich. Achten Sie darauf, daß Ersatzstiele nachzukaufen sind. Das Eis am Stiel etwa eine Stunde vor dem Essen aus dem Gefriergerät ins Gefrierfach des Kühlschrankes geben, damit es keine Erfrierungen an den Lippen verursacht.

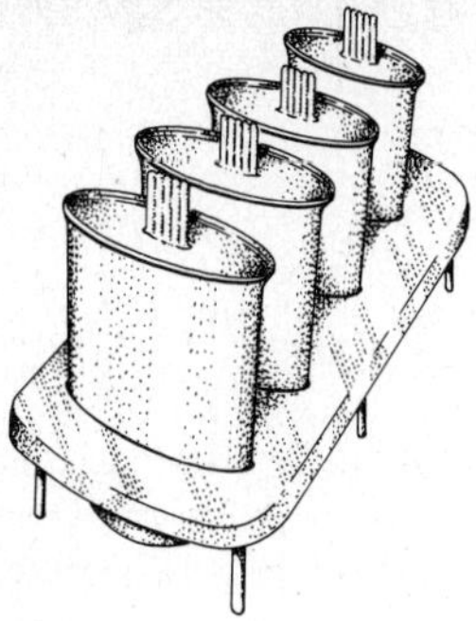

Eis am Stiel mit Fruchtgeschmack Aus gesüßtem Obstpüree oder Obstlikör herstellen. Etwa je 1 Eßlöffel (15 ml) zu 2 Eßlöffeln (30 ml) Wasser geben.

Eis am Stiel mit Sahneeis Dazu Eiscreme aus Vanillesoße verwenden (siehe S. 90)

Eis am Stiel mit Schoko-Hülle Die Förmchen abkühlen und mit geschmolzener Schokolade ausschwenken (siehe Schoko-Eis). Mit Eiscreme füllen.

Gehaltvolle Eiscreme (Sahne-Eis)

Diese Eiscreme hat eine weiche, sahnige Struktur und braucht nach dem Gefrieren nicht aufgeschlagen werden. Geschmackszugaben wie unten.

2 Eier
50 g Puderzucker
5 ml (1 Teelöffel) Vanille-Essenz
125 ml fette Sahne

Die Eier aufschlagen, Eigelb und Eiweiß getrennt in Schüsseln geben. Das Eiweiß steif schlagen, dann den gesiebten Puderzucker nach und nach unterheben. Das Eigelb mit der Vanille-Essenz schaumig schlagen und zum Eiweiß geben. Die Sahne so lange schlagen, bis sie in weichen Flocken stehen bleibt, dann unter die Eiermischung sanft, aber gut verrühren. In einen länglichen Kunststoffbehälter geben (zum leichteren Portionieren) und einfrieren.

Geschmackszugaben zur Eiscreme

Schokolade 75 g Kochschokolade schmelzen und mit dem Eigelb verschlagen.

Kaffee 10 ml (1 gehäufter Teelöffel) Kaffeepulver in 15 ml (1 Eßlöffel) kochendem Wasser auflösen. Mit dem Eigelb verschlagen. Nach Belieben 30 ml (2 Eßlöffel) Rum oder Kaffeelikör zugeben.

Ingwer 30 ml (2 gestrichene Eßlöffel) feingehackte Ingwerstengel einrühren, statt dessen die Vanille fortlassen.

Erdbeeren 250 g Erdbeeren pürieren und zum Eigelb geben. Ein paar Tropfen rote Lebensmittelfarbe und Zukker nach Geschmack zufügen.

Himbeeren Wie Erdbeeren.

Orangen 100 ml konzentrierten gefrorenen Orangensaft leicht angetaut in die Eigelbmischung geben, die Vanille fortlassen.

Tutti-Frutti 25 g Maraschino-Kirschen, gehackt, 15 ml (1 gestrichener Eßlöffel) gehackte Zitrusschale, 15 ml (1 gestrichener Eßlöffel) Angelikawurz und ein paar Tropfen Mandelessenz zugeben.

Minze 50 g kleingeschnittene Pfefferminzschokolade unterheben. Hellgrün färben.

Banane 2 reife Bananen mit 30 ml (2 Eßlöffel) Zitronensaft zerdrücken und zum Eigelb geben.

Nuß-Geschmack 25 g geröstete gehackte Mandeln und 25 g gehackte bittere Schokolade in das Vanille- oder Schokoladeneis geben.

Ziehen Sie den Portionierlöffel über die Oberfläche der Eiscreme hinweg. Im Löffel bildet sich eine dünne Rolle Eiscreme.

Vanille-Eiscreme

Die Grundlage aus Vanillesoße gibt der Eiscreme einen vollen Geschmack. Für große Gelegenheiten mit Ei verfeinern und fette Sahne verwenden. Für einen einfachen Nachtisch die Vanillesoße aus Päckchen herstellen oder Vanillesoße aus der Dose nehmen und statt der Sahne geschlagene Kondensmilch verwenden. Geschmackszugaben wie bei Sahne-Eiscreme.

2 Eigelb
100 g Streuzucker
10 ml (1 gehäufter Teelöffel) Vanillepulver
250 ml Milch
5 ml (1 Teelöffel) Vanille-Essenz
125 bis 250 ml fette Sahne

Eine Schüssel und einen Kunststoffbehälter vorkühlen. Das Eigelb, den Streuzucker und das Vanillepulver zusammen in einer Schale verrühren. Die Milch erhitzen, in das Eiergemisch einrühren und dann alles zusammen in den Topf zurückgeben und bei kleiner Hitze unter gelegentlichem Umrühren zum Kochen bringen. Die Vanille-Essenz zugeben, die Masse in eine Schüssel füllen und mit Haftfolie bedecken, damit sich keine Haut bildet. Abkühlen lassen und in den Kühlschrank stellen. Die Sahne nicht ganz steif schlagen und dann unter die gekühlte Vanillecreme heben. In den Kunststoffbehälter füllen und in das Gefriergerät (oder ins Gefrierfach des Kühlschrankes) stellen, bis sich nach etwa 2 Stunden eine 2,5 cm dicke, gefrorene Schicht am Rand gebildet hat. In die vorgekühlte Schüssel umfüllen und glattschlagen, dann in den Behälter zurückgeben. Mit einem Deckel oder Alufolie verschließen und einfrieren.

Zum Essen 1 Stunde im Gefrierfach des Kühlschrankes etwas weich werden lassen.

Eis mit Schokohülle

(siehe S. 93)

Milch- oder einfache Kochschokolade
gekaufte oder selbst hergestellte Eiscreme mit Vanillegeschmack oder Wassereis
Sahne
Früchte oder Schokolade zum Verzieren

Benutzen Sie weiche Kunststofformen wie Joghurt- oder Sahnebecher, besondere Dessertförmchen aus Kunststoff oder Förmchen für Eis am Stiel. Die Innenseite der Formen mit Watte ausreiben und in den Kühlschrank stellen. Die Schokolade zerbröckeln und in einer Schüssel über einem Topf mit heißem (nicht kochendem) Wasser schmelzen. Auf einmal nur ein Förmchen aus dem Kühlschrank nehmen, 2 Eßlöffel geschmolzene Schokolade auf den Boden geben und so wenden, daß sich die Schokolade über die Seiten verteilt. Die überschüssige Schokolade in die Schüssel zurückgeben, die Form umgekehrt auf einen Teller stellen, ablaufen lassen, dann kühlen. Mit halb durchgefrorener hausgemachter Eiscreme füllen. Bei gekaufter Eiscreme die Kugeln in eine Schüssel geben, nach Belieben Geschmackszutaten zugeben (siehe unten) und sanft rühren, bis das Eis etwas weich ist, dann in die Form füllen und etwa 1 Stunde im Gefriergerät fest werden lassen.

Zum sofortigen Verbrauch Die Formen auf einen Servierteller stürzen, dabei leicht auf den Boden drücken und von der Seite abziehen. Rasch verzieren und auftragen.

Einfrieren Mit einem Deckel oder Alufolie verschließen und etikettieren. Bis zu 2 Monate lagern.

Geschmackszutaten für Eis mit Schokohülle

Vorbereiten und kühlen, ehe die Form ausgekleidet wird.

Rum und Rosinen Dunklen Rum über Rosinen in einer Schale schütten und darin aufweichen lassen.

Tutti-Frutti Gehackte Sultaninen, Maraschino oder kandierte Kirschen, gehackte Angelikawurz, Walnüsse und Honig.

Crème de menthe Pfefferminzlikör oder Pfefferminzöl zugeben und hellgrün färben.

Karibischer Kaffee Starken Kaffee und Rum zugeben.

Orangensplitter Mit Orangen-Wassereis füllen.

Wassereis

Wassereis oder Sorbet ist aus einfachem Fruchtpüree oder Fruchtsaft, mit Zuckersirup vermischt und gefroren.

Zitronensorbet (Grundrezept)

125 g Zucker in 250 ml Wasser auflösen. Zum Kochen bringen und bei voller Hitze ohne Rühren 2 Minuten sieden lassen. Abkühlen und in den Kühlschrank stellen. Dann mit 250 ml Zitronensaft und der feingeriebenen Schale einer ungespritzten Zitrone vermischen. In eine flache Metallschüssel geben und leicht durchfrieren lassen. Dann in eine gekühlte Schüssel umfüllen und schaumig schlagen. Nach Belieben ein steif geschlagenes Eiweiß unter die Zitronenmasse ziehen. Mit einem Metallöffel durchrühren, damit der Schaum nicht zusammenfällt. In einen Kunststoffbehälter füllen, mit einem Deckel oder Alufolie verschließen und fest gefrieren lassen. Bis zu 6 Monate lagern.

Zum Essen Den Behälter ins Gefrierfach des Kühlschrankes stellen und mindestens eine Stunde vor dem Servieren etwas weich werden lassen. Mit knusprigen Zuckerbiskuits reichen.

Gefrorene Zitronen Von den Zitronen eine Deckelkappe abschneiden, das Fruchtfleisch herausschaben und durch ein Sieb drücken, um den Saft zu bekommen, daraus wie oben beschrieben Wassereis herstellen und in die Zitronen füllen.

Orangensorbet Wie Zitronensorbet aus 250 ml Orangensaft, der geriebenen Schale einer ungespritzten Orange, Zuckersirup und 45 ml (3 Eßlöffel) Zitronensaft zubereiten.

Gefrorene Orangen Die Orangenschalen mit Orangensorbet füllen.

Stachelbeersorbet ½ kg Stachelbeeren kochen und durch ein Sieb drükken, es ergibt 250 ml Püree. Wie oben mit Zuckersirup zubereiten. Auch andere Sorten Früchtepüree auf diese Weise verarbeiten.

Eisbomben

Der Name rührt von der bombenartigen Form her, in der diese besonderen Eispuddings üblicherweise hergestellt werden. Statt einer Bombenform kann auch eine Schale, eine Geleeform oder eine Gebäckform benutzt werden.

Um die Form abzulösen, stürzt man sie auf eine gekühlte Servierplatte, windet ein Tuch in heißem Wasser aus und wickelt es um die Form, dann die Form unter Schütteln abnehmen. Für eine halbe Stunde in das Gefriergerät zurückstellen, dann nach Belieben garnieren.

Obstbombe mit Branntwein

Ergibt 2 Bomben von 1 Liter Inhalt

2 Eigelb
75 g Kristallzucker
250 ml Milch
2,5 ml (½ Teelöffel) Vanille-Essenz
250 ml Schlagsahne
45 ml (3 Eßlöffel) Branntwein
250 g Himbeeren oder Heidelbeeren
2 Eiweiß
100 g Streuzucker

Den Kühlschrank auf die stärkste Kältestufe stellen. Die Schalen oder Schüsseln im Gefriergerät kühlen. Eigelb und Zucker schaumig schlagen. Die Milch aufkochen und unter das Eigelb geben, dann in den Topf zurückschütten und unter Rühren bei leichter Hitze so lange kochen, bis die Mischung auf einem Löffelrücken hängenbleibt, die Vanille-Essenz einrühren, dann kühlen. Die Sahne nicht sehr steif schlagen und dann unter die Vanillemischung ziehen. Auf ein Metalltablett schütten und frieren lassen. Nach etwa einer Stunde in eine gekühlte Schüssel umfüllen und glatt schlagen den Branntwein dazugeben. In gekühlte Schalen oder Formen füllen und etwa ½ Stunde in das Gefriergerät stellen, bis die Masse halb durchgefroren ist.

Unterdessen die Himbeeren oder Heidelbeeren in 30 ml (2 Eßlöffel) Wasser kochen, durch ein Sieb drücken und kühl stellen. Das Eiweiß steif schlagen und zuerst den Streuzucker, dann das Fruchtpüree nach und nach darunter schlagen. Auf ein Metalltablett schütten und steif frieren. Eine der Schalen oder Formen aus dem Gefriergerät nehmen und die Eiscreme darin mit einem Metallöffel gegen die Seiten drücken, so daß in der Mitte eine Mulde frei bleibt. Die Eiscreme glatt verstreichen und wieder in das Gefriergerät zurückstellen. Mit den anderen Formen in gleicher Weise verfahren. Wenn die Seiten fest gefroren sind, die Früchtemischung in die Mitte füllen. Mit Alufolie bedecken und in das Gefriergerät stellen.

Lagern Auf ein Stück Alufolie stürzen, ½ Stunde offen einfrieren, dann in Folie verpacken. Bis zu 2 Monate lagern.

Eine reichhaltige Auswahl verschiedener Eissorten: Stachelbeeren- und Melonensorbet, Cassata und Pfirsich-Melba-Bombe, Sahneeis mit Schokoladensoße und Rum-Rosinen-Eis mit Schokohülle.

Die äußere Schicht Eiscreme bei der Herstellung einer Bombe gegen die Wand der Form drücken.

Variationen

Pfirsich-Melba-Bombe (siehe S. 93) Für die äußere Schicht Eigelb und Zucker über heißem Wasser kräftig schlagen, 125 ml Pfirsichpüree aus frischen oder Dosenfrüchten, 30 ml (2 Eßlöffel) Zitronensaft und 250 ml Sahne darunter schlagen. Wie oben mit Himbeereis füllen.

Kaffeecreme-Bombe Für die Außenschicht mit Branntwein vermischtes Sahneeis einfüllen. Das Innere mit Kaffee-Eis füllen. Dazu löst man 30 ml (2 gestrichene Eßlöffel) Pulverkaffee in 125 ml Wasser, rührt 5 ml (1 gestrichenen Teelöffel) Gelatine ein, die in 5 ml (1 Teelöffel) kaltem Wasser gelöst wurde. Kühlen, dann Eiweiß und Zucker hineingeben und kräftig schlagen.

Mokka-Bombe 50 g Kochschokolade und 10 ml (2 gestrichene Teelöffel) Kakao in die Milch geben. Nach Belieben den Branntwein durch Rum ersetzen. Die Mitte wie oben beschrieben mit Kaffee-Eis füllen. Je nach Wunsch 25 Rosinen daruntermischen.

Schokolade-Orangen-Bombe Für die Außenschicht Schokoladeneis wie oben beschrieben herstellen. Für das Innere Orangeneis zubereiten, indem man das Früchtepüree durch 125 ml konzentrierten Orangensaft ersetzt.

Orangen-Bombe »Sonnenaufgang« Die Außenschicht mit Rum oder Branntwein tränken und das Innere mit Orangeneis wie oben angegeben füllen. Falls erwünscht, kleingehackte Kochschokolade unter das Orangeneis mischen.

Eisbomben mit besonders zubereiteter Eiscreme

Versuchen Sie, verschiedene Geschmacksrichtungen aus selbstgemachter oder gekaufter Eiscreme oder Sorbet zusammenzustellen. Geben Sie konzentrierte Geschmacksstoffe und getrocknete oder kandierte Früchte hinein. Zum Füllen einer 1 Liter Form braucht man einen 1/2 Liter für jede Schicht.

Cassata (siehe Seite 93) Eine Form mit Schokoladeneiscreme auskleiden. Für das Innere Vanilleeis nehmen, in das 25 g halbierte Maraschino-Kirschen, 15 ml (1 Eßlöffel) Fruchtsirup aus dem Glas, 15 ml (1 gestrichener Eßlöffel) gehackte Angelikawurz und 25 g Sultaninen gerührt wurden. Dazu 5 ml (1 Teelöffel) Mandelessenz geben.

Kirsch-Pompons Für die Außenschicht Schokoladeneiscreme nehmen. Die Mitte mit Vanille-Eis füllen, in das 30 ml (2 Eßlöffel) Cherry Brandy (oder Sirup mit Maraschinogeschmack) gerührt wurde. 8 Maraschino-Kirschen abtrocknen, in geschmolzene Schokolade tauchen, kühlen und dann in die Eiscreme versenken.

Brot, Kuchen und Torten

Ein ausgiebiger Backtag im Monat ist weitaus praktischer als jede Woche eine kürzere Backarbeit. Es lohnt sich auch, immer Tortenböden und Rührkuchen in Kastenformen auf Vorrat zu haben, die nur noch dekoriert werden müssen. Feuchte Obstkuchen und Ingwerbrote können in einer Bratform gebacken und am Stück eingefroren werden. Der Teig für Biskuitrollen läßt sich backfertig einlagern, und selbstverständlich haben Sie immer frisches Brot im Haus, wenn Sie einen Vorrat im Gefriergerät lagern.

Weißbrot

Brot und viele Sorten Hefegebäck müssen ganz frisch serviert werden; das Gefriergerät macht es möglich. Verwenden Sie frische oder Trockenhefe. Bei frischer Hefe 25 g mit lauwarmem Wasser verrühren. Falls ein sehr rasches Aufgehen erwünscht ist, verdoppeln Sie die Hefemenge und geben Sie eine zerstoßene Vitamin-C-Tablette von 50 mg dazu.

5 ml (1 gestrichener Teelöffel) Streuzucker
100 ml handwarmes Wasser
15 ml (1 gestrichener Eßlöffel) Trockenhefe
25 g Schweineschmalz
1 1/2 kg Weizenbrotmehl
15 ml (1 gestrichener Eßlöffel) Salz
60 ml (2 gehäufte Eßlöffel) Trockenmilch (nach Belieben)

Den Zucker in einer kleinen Schüssel im Wasser auflösen, die Hefe zugeben und 20 Minuten stehenlassen, bis sie schaumig wird. Das Schmalz mit dem Mehl verkneten, Salz und Trockenmilch zugeben und dann auf einmal die Hefeflüssigkeit und 800 ml handwarmes Wasser zugießen. Das Wasser mit den Händen unter das Mehl mischen und dann zu einem weichen Teig verkneten. Falls der Teig klebt,

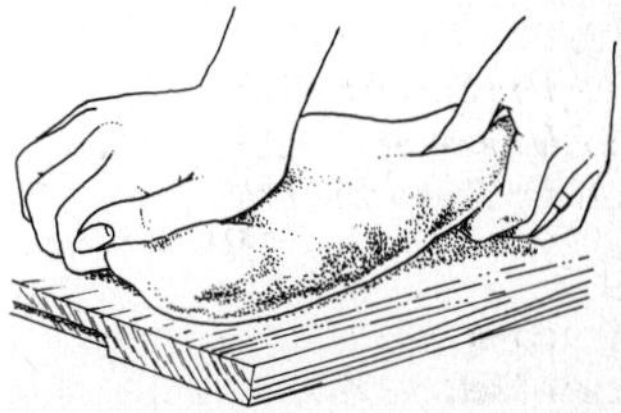

etwas Mehl zugeben. Auf einem bemehlten Brett den Teig etwa 10 Minuten lang ziehen und kneten, bis er fest und elastisch ist. Dann in einer zugedeckten Schüssel, einem geölten Plastikbeutel oder in einem zugedeckten Topf an einem warmen Ort 1/2 Stunde gehen lassen; auf dem Küchentisch bis zu einer Stunde, im Kühlschrank über Nacht. Dann den Teig herausnehmen, mit den Handflächen breit drücken und wie einen Biskuitteig aufrollen; mehrmals wiederholen. Den Teig, wie nachstehend angeführt, formen, aber bis zum Gebrauch zudecken.

Kastenbrot Für kleinere Weißblechformen (750–800 ml Inhalt) den Teig in vier Stücke teilen und entsprechend dem Kastenboden flach zurechtdrükken. Wie eine Biskuitrolle aufrollen und mit der offenen Kante nach unten in die Form legen. Mit Öl bestreichen und in einen Plastikbeutel geben, bis

der Teig bis zur Oberkante der Form aufgegangen ist. Dann auf ein Backblech stellen und bei sehr großer Hitze (230 °C/Gas 8) 30 bis 40 Minuten backen, bis der Laib braun ist, sich von den Seiten der Form gelöst hat und hohl klingt, wenn man auf die Unterseite klopft. Abkühlen lassen, in Gefrierbeutel verpacken, die Luft entfernen, etikettieren, im Kühlschrank auskühlen und einfrieren.
Zum Essen etwa 3 Stunden bei Zimmertemperatur auftauen lassen oder den Laib 1/2 Stunde in den warmen Ofen stellen. Im Ofen aufgetautes Brot wird rasch trocken.

Brötchen Aus der Hälfte des Teiges 20 Brötchen formen. In Zöpfe, Spiralen oder Knoten oder zu 12,5 cm langen Stangen formen. Auf ein Backblech legen und bis zum Aufgehen des Teiges in eine große Plastiktüte geben.

Cottage-Brot Ein Viertel der Teigmenge verwenden. Ein Drittel abschneiden, jedes Teigstück zu einer Kugel formen, die kleinere Kugel auf die größere setzen und den Stiel eines mit Mehl bestäubten Holzlöffels durch die Mitte drücken. Zudecken, gehen lassen und wie Brot in Kastenform backen.

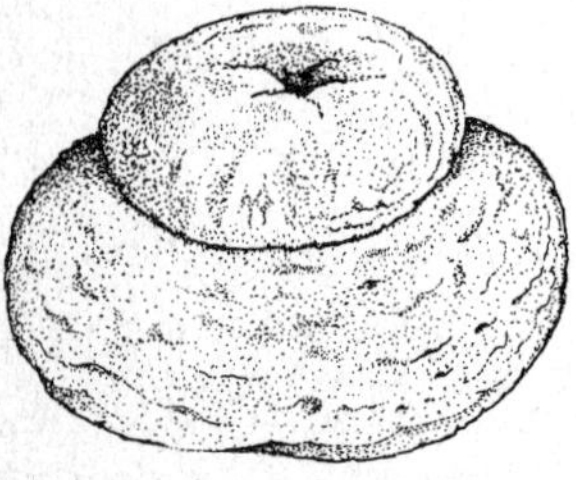

Zopf Dazu ein Viertel des Teiges nehmen. In drei Stücke teilen und jedes zwischen den Händen zu einer 22 cm langen Rolle formen, die von einer bauchigen Mitte zu den Enden spitz ausläuft. Die Rollen nebeneinanderlegen und von der Mitte aus zu den Enden flechten und diese zusammendrücken. Den Teig umdrehen und die andere Seite ebenso flechten. Auf ein gefettetes Backblech legen. Zudekken, aufgehen lassen und wie Kastenbrot backen.

Croissants Aus 1/2 kg aufgegangenem Teig ein Viereck von 45 mal 20 cm ausrollen und zwei Drittel der Oberfläche mit 50 g weicher Butter bestreichen. Erst das unbestrichene, dann das bestrichene Teigdrittel über die Mitte legen, den Teig so drehen, daß das offene Ende nach rechts kommt und den Vorgang noch zweimal wiederholen. In einen Plastikbeutel geben und 1/2 Stunde in den Kühlschrank legen. Den Teig halbieren und jedes Stück zu einem Kreis von 30 cm Durchmesser ausrollen. Ein Stück Haftfolie darüber drücken, 5 Minuten ruhen lassen, dann die Folie abziehen und jedes Teigstück in 6 Dreiecke schneiden. Von der Breitseite zur Spitze aufrollen, auf ein Backblech legen und zu Hörnchen formen. Das Backblech in einen Plastikbeutel geben und den Teig an einem warmen Platz 1/2 Stunde gehen lassen, bis die Hörnchen die doppelte Größe haben. Mit verschlagenem Eiweiß bestreichen und bei starker Hitze (220 °C/Gas 7) 20 Minuten backen.

Pizza Für einen großen oder für 4 kleine Pizzaböden 450 g aufgegangenen Teig nehmen. Auf einem geölten Backblech zu einem möglichst großen Kreis ausrollen oder auf einem Blech in vier runde Teigstücke teilen oder in kleinere runde Formen drücken. Mit Öl bestreichen. Mit einer Schicht Tomatenscheiben bedecken, dann geriebenen Käse und ein Gemisch aus Trockenkräutern darüber streuen.
Dazu kann man noch variieren: kleine Bällchen aus Wurstfleisch, Fleischwürfel, Makrelen oder Sardinen aus der Dose, leicht angebratene Zwiebelringe mit Knoblauch. Machen Sie darüber ein Gitter aus Anchovisfilets, Schinkenstreifen oder Rauchfleisch und garnieren Sie mit schwarzen oder grünen Oliven. In der Mitte des sehr heißen Backofens (230 °C/Gas 8) 20 bis 30 Minuten backen.
Zum Einfrieren In Alufolie wickeln und bis zu 3 Monate lagern.
Zum Auftauen Gefroren in der Folie 1/2 Stunde bei leichter Hitze aufbacken.

Gehaltvoller Hefeteig

Nach diesem Rezept lassen sich die weichsten Brötchen und sehr feines Brot herstellen. Es bildet außerdem die Basis für viele süße Hefestückchen und Obstkuchen. Nehmen Sie frische oder Trockenhefe. Wenn der Teig rasch aufgehen soll, die doppelte Hefemenge und eine Vitamin-C-Tablette von 25 g nehmen.

Vorteig

150 g Weizenbrotmehl
5 ml (1 gestrichener Teelöffel) Zucker
25 g frische Hefe oder 10 ml
(2 gestrichene Teelöffel) Trockenhefe
300 ml warme Milch

Teig

250 g Weizenbrotmehl
5 ml (1 gestrichener Teelöffel) Salz
50 g Margarine
1 Ei

Die Zutaten für den Vorteig miteinander verkneten, an einem warmen Ort 20 Minuten stehenlassen, bis er zu schäumen beginnt. Das Mehl mit dem Salz in eine Schüssel geben und mit der Margarine verkneten. Dann zusammen mit dem Ei zum Vorteig geben und zu einem weichen Teig verarbeiten. Auf den Tisch legen und 5 Minuten lang gut durchkneten, bis der Teig fest und nicht mehr klebrig ist. Zu Brotlaiben, Brötchen, Gefrierbrötchen, Krapfen oder heißen Kreuzsemmeln verwenden.
Gefrierbrötchen Die vorgebackenen Brötchen können aus einfachem Weißbrotteig oder aus feinem Hefeteig hergestellt werden. Wie in den vorhergehenden Rezepten verarbeiten, aber bei geringer Hitze (120 °C/Gas 1/2) 1/2 Stunde vorbacken. Kühlen und in Gefrierbeutel verpacken. Bis zu 3 Monate lagern.
Zum Essen Gefroren in einem vorgeheizten Backofen bei starker Hitze (200 °C/Gas 6) etwa 15 Minuten braun backen.
Krapfen Für runde Krapfen 16 Rundformen ausfetten, für längliche ein Backblech benutzen. Den Hefeteig zu 16 Kugeln oder 10 cm langen Röllchen formen und in die Formen geben oder auf das Backblech legen, zum Aufgehen in einen gefetteten Plastikbeutel geben. Das Fett in einer tiefen Pfanne auf 150 °C erhitzen, inzwischen 5 ml (1 gestrichener Teelöffel) Zimt und 60 ml (2 gehäufte Eßlöffel) Streuzucker auf einem Teller vermischen. Jeweils 4 Krapfen auf einmal

im Fett ausbacken, auf Küchenpapier abtropfen lassen und dann rasch im Zucker wälzen; abkühlen lassen. Zum Servieren aufschneiden und mit Marmelade und/oder Schlagsahne füllen.

Einfrieren Offen einfrieren, einzeln in Haftfolie wickeln und in Gefrierbeutel verpacken. Bis zu 3 Monate lagern.

Zum Auftauen Auspacken und bei Zimmertemperatur 3 bis 4 Stunden auftauen lassen.

Heiße Kreuzsemmeln Den Hefeteig zu einem großen Viereck ausrollen und mit einer Mischung aus 150 g Korinthen, 50 g Sultaninen, 5 ml (1 gestrichener Teelöffel) Backgewürze und 50 g Puderzucker bestreuen. Wie eine Biskuitrolle aufrollen, dann breitdrücken und nochmals aufrollen. In 16 Stücke teilen, jedes zu einer Kugel formen, auf ein gefettetes Backblech legen und mit einer Glasur aus 30 ml (1 gehäufter Eßlöffel) Zucker, gelöst in 90 ml (6 Eßlöffel) Milch bestreichen. Die Oberseite der Gebäckstükke mit einem scharfen Messer kreuzweise einschneiden. Zudecken und

aufgehen lassen, bis sich der Umfang verdoppelt hat. Bei großer Hitze (200 °C/Gas 6) etwa 1/2 Stunde backen.

Zum Einfrieren Ausgekühlt in Gefrierbeutel verpacken und bis zu 3 Monate lagern.

Zum Essen Gefroren in einer zugedeckten Bratpfanne 1/2 Stunde bei Mittelhitze aufbacken. Vor dem Servieren glasieren.

Anmerkung Die Rosinen und das Gewürz können auch gleich mit den Teigzutaten verarbeitet werden.

Pflaumen-Orangen-Teekuchen

Ergibt zwei Kuchen

150 g Zucker
250 ml Milch
150 g entkernte Pflaumen
200 g dick geschnittene Orangenmarmelade
300 g Mehl mit 2 gestrichenen Teelöffeln Backpulver
5 ml (1 gestrichener Teelöffel) gemahlener Koriander oder Piment

Den Boden zweier Kastenformen von 1 Liter Inhalt einfetten und auslegen. Den Backofen mit Mittelhitze (180 °C/Gas 4) vorheizen. In einem Kochtopf den Zucker in der Milch auflösen, von der Kochstelle nehmen, die halbierten Pflaumen und die Marmelade hineingeben und auskühlen lassen. Mehl, Backpulver und Gewürze zusammen sieben und in den Topf einrühren. Auf die beiden Kastenformen verteilen und in der Mitte des Backofens 3/4 bis 1 Stunde backen. In Scheiben, mit Butter bestrichen, servieren.

Einfrieren In Alufolie verpacken, etikettieren, kühlen und bis zu 6 Monate lagern.

Feuchter Schokoladenkuchen

Der Geschmack des Kuchens verbessert sich während des Lagerns. Wenn man ihn süßer möchte, mit Aprikosenmarmelade oder Buttercreme füllen und mit einer Zucker- oder Schokoladenglasur überziehen.

50 g Kakao
150 g Mehl mit 2 gestrichenen Teelöffeln Backpulver
5 ml (1 gestrichener Teelöffel) Zimt
100 g Streuzucker
45 ml (3 gestrichene Eßlöffel) gelber Sirup
15 ml (1 gestrichener Eßlöffel) schwarze Melasse
4 Eier
200 g weiche Margarine

Den Backofen mit leichter Hitze (160 °C/Gas 3) vorheizen. Den Boden einer runden Tortenform von 17,5 cm Durchmesser einfetten und auslegen. Kakao, Mehl, Backpulver und Zimt in eine Schüssel sieben, die übrigen Zutaten hinzugeben. Messen Sie den Sirup und die Melasse sehr sorgfältig ab. Gut vermischen und 1 bis 2 Minuten durchrühren, bis die Mischung glatt ist. In die Form füllen und in der Mitte des Backofens 1¼ bis 1½ Stunden backen. In der Form ½ Stunde auskühlen lassen, dann stürzen, das Papier abziehen und völlig erkalten lassen. Wenn erwünscht, aufschneiden und glasieren und in eine feste Dose verpacken. (Den verzierten Kuchen ohne Deckel offen einfrieren, damit die Dekoration nicht leidet.) Den unglasierten Kuchen in Alufolie wickeln. Bis zu 3 Monate lagern.

Orangen-Apfelkuchen
(siehe S. 101)

1 große, dünnschalige, ungespritzte Orange von etwa 200 g
250 ml Tee oder trockener Weißwein
400 g gemischtes Trockenobst
300 g vorbereitete Kochäpfel
400 g Streuzucker
300 g Margarine
4 Eier
500 g Mehl
15 ml (1 gestrichener Eßlöffel) Backpulver
10 ml (2 gestrichene Teelöffel) Zimt

Die Orange gut säubern, in Stücke schneiden, die Kerne entfernen und sehr fein schneiden oder mit dem Tee oder Weißwein im Mixer fein zerkleinern. Dann etwas kleingeschnittenes Trockenobst zugeben. Das Orangengemisch in einen Topf geben, zum Kochen bringen, zudecken und 10 Minuten simmern lassen. Von der Kochstelle nehmen, das restliche Trockenobst zugeben und unter gelegentlichem Umrühren erkalten lassen. Die vorbereiteten Äpfel in Würfel schneiden und in den Kochtopf geben. Den Backofen mit leichter Mittelhitze (180 °C/Gas 4) vorheizen. Eine große (2½ Liter) Bratform mit Fettpapier auslegen, Form und Papier einfetten. Zucker und Margarine zusammen schaumig rühren, die Eier einzeln hineinschlagen. Mehl, Backpulver und Zimt zusammen sieben und abwechselnd mit dem Früchtegemisch unter die Crememasse rühren. In die Form füllen und die Oberfläche glattstreichen. In der Mitte des Backofens 1½ bis 1¾ Stunden backen. Durch Fingerdruck prüfen. Der Kuchen muß zurückfedern und sich von der Form gelöst haben. In der Form auskühlen lassen, dann herausnehmen und das Papier abziehen.

Einfrieren In Scheiben oder Vierecke schneiden, durch Fettpapier oder Folienblätter trennen. Zu kleinen Alufolienpäckchen verpacken. Etikettieren, kühlen und einfrieren. Das Gebäck hält sich bis zu 4 Monaten.

Zum Essen Die gewünschte Anzahl

Gebäckstücke herausnehmen, bei Zimmertemperatur auftauen lassen oder in Alufolie gewickelt in einem Dampftopf 20 Minuten erhitzen.

Vollkorn-Ingwerkuchen

250 ml Milch
200 g Körnerzucker
200 g gelber Sirup
200 g schwarze Melasse
200 ml Öl
200 g Weizenmehl
5 ml (1 gestrichener Teelöffel) doppeltkohlensaures Natrium
30 ml (2 gestrichene Eßlöffel) gemahlener Ingwer
15 ml (1 gestrichener Eßlöffel) Backgewürze
200 g Vollkornmehl
200 g kernlose Rosinen

Eine große (30 mal 25 cm) Bratform ausfetten, den Boden mit Fettpapier auslegen. Den Backofen mit geringer Hitze (150 °C/Gas 2) vorheizen. Die Milch und den Zucker in einen großen Kochtopf geben, bei kleiner Hitze rühren, bis der Zucker geschmolzen ist. Von der Kochstelle nehmen, den Sirup, die Melasse und das Öl hinzuschütten und alles gut verrühren. Das Mehl, doppeltkohlensaures Natrium, Ingwer und Gewürze zusammen sieben und mit dem Vollkornmehl in den Kochtopf geben, glatt verrühren, die Rosinen darunterheben und die Masse in die vorbereitete Form schütten. Etwas oberhalb der Ofenmitte $1^3/_4$ bis 2 Stunden backen. In der Form $^1/_2$ Stunde abkühlen lassen, dann stürzen, das Papier abziehen und völlig erkalten lassen.

Einfrieren In Riegel schneiden und in Haftfolie verpacken, in Gefrierbeuteln aufbewahren. Bis zu 3 Monate lagern.

Zum Essen Die gewünschte Anzahl Riegel herausnehmen, 1 Stunde bei Zimmertemperatur antauen, in Vierecke schneiden und dann vollständig auftauen lassen.

Sahnecremetorte

Es lohnt sich sehr, frische Sahnetorten im Gefriergerät vorrätig zu haben. Das Grundrezept kann auf vielerlei Art abgewandelt werden, was den Geschmack und die Form betrifft.

Biskuitboden

2 Eier
50 g Streuzucker
50 g Weizenmehl
2,5 ml ($^1/_2$ gestrichener Teelöffel) Backpulver

Füllung

125 ml fette Sahne
5 ml (1 gestrichener Teelöffel) Zucker
Marmelade

Den Backofen mit Mittelhitze (190 °C/Gas 5) vorheizen. Eine Form von 20 cm oder zwei Formen von 17,5 cm Durchmesser einfetten und auslegen. Die Eier mit dem Zucker schaumig schlagen (bei Benutzung eines Schneebesens über einem Topf mit heißem Wasser). Das Mehl mit dem Backpulver darüber sieben und dann mit einem großen Metallöffel vorsichtig darunterheben. In die Form(en) füllen und die Oberfläche gerade rütteln. In der Mitte des Ofens bak-

Im Vordergrund Pizzas, dahinter süße und pikante Rollen aus Biskuit, die gefroren geschnitten werden; auf dem Rost zum Auskühlen liegen Nußrolle, pikante Biskuithappen und Ingwerrolle, in der Mitte ein Orangen-Apfelkuchen und eine Zitronencremetorte.

ken, bis der Teig aufgegangen und goldgelb ist, etwa nach 15 bis 30 Minuten. Stürzen, das Papier abziehen und kühl stellen. Die Sahne mit dem Zucker steif schlagen, die Torte in zwei Schichten schneiden und mit Marmelade und Sahne füllen.

Einfrieren In Alufolie verpacken, etikettieren und kühlen. Bis zu 4 Monate lagern.

Zum Essen Auftauen, mit Puderzukker bestreuen.

Variationen

Obstsahnetorte Die Sahne auf den Boden streichen und eine Schicht Himbeeren, Pfirsiche (blanchiert) oder Früchte aus der Dose auf die Torte geben. Etwas Obst gesondert einpacken und für die Garnierung aufheben.

Obstsahnetorte mit Füllung Die Torte mit Marmelade und einer Schicht Sahne füllen, zusätzlich die Oberseite mit gespritzter Schlagsahne dekorieren, dazu nochmals 125 ml Schlagsahne und Früchte verwenden. Offen einfrieren, dann in einer festen Schachtel verpacken. Oder unverziert einfrieren und aus der Sahne Rosetten spritzen und gesondert einfrieren (siehe S. 36). Vor dem Auftauen auf die Torte legen.

Zitronencremetorte (siehe S. 101) Die Torte wie oben herstellen, aber mit Zitronenquark füllen und bestreichen. Ein Gitter aus Schlagsahne darüber spritzen und offen einfrieren, dann in einer festen Schachtel verpakken. Vor dem Essen mit frischen Zitronenscheiben garnieren.

Sahnetorte mit Honigguß Den Boden in zwei Formen von 17,5 cm Durchmesser backen, je zweimal durchschneiden. Die Torte füllen und zusammensetzen (in drei Schichten). Als Füllung Zitronencreme nehmen aus 100 g Butter, 200 g Puderzucker, geriebener Zitronenschale und 30 ml (2 Eßlöffel) Saft. Einen Guß herstellen, indem man in einem Topf 100 g Butter schmelzen läßt und 30 ml (2 Eßlöffel) Milch und 15 ml (1 Eßlöffel) klaren Honig unterrührt. Zum Kochen bringen, von der Kochstelle nehmen und 300 g gesiebten Puderzucker hineinrühren. So lange schlagen, bis die Mischung beim Erkalten dicklich wird, dann über die Torte gießen und erstarren lassen. Mit gerösteten Mandelblättchen verzieren.

Einfrieren Offen einfrieren und in eine feste Schachtel packen. Zum Auftauen auf eine Tortenplatte geben und bei Zimmertemperatur auftauen lassen. (Der Guß wird zunächst sehr feucht, trocknet aber während des Tauens wieder ab.)

Aprikosencremeschnitten Den Boden in einer 17,5 cm mal 25 cm großen Form für Biskuitrollen etwa 10 Minuten backen. Auf gezuckertes Fettpapier stürzen, das Backpapier abziehen und auskühlen lassen. Der Länge nach halbieren. Die Hälften mit gesiebter Aprikosenmarmelade und der halben Crememenge zusammensetzen. Die Oberseite und den Rand mit Aprikosenmarmelade bestreichen und gehackte, geröstete Haselnüsse gegen den Rand drücken. Auf die Kuchenmitte eine Reihe aus halbierten Aprikosen legen, die Seiten mit steifer Schlagsahne bespritzen.

Biskuitrolle Wie oben beschrieben backen, die Ränder mit einem scharfen Messer zurechtschneiden, mit Marmelade bestreichen und aufrollen. Oder ein Stück Fettpapier auf die Innenseite legen und aufrollen. Nach dem Erkalten auseinanderrollen, mit

Buttercreme oder Früchten und Sahne füllen und erneut aufrollen. Auf die Oberseite abwechselnde Reihen von Früchten legen oder mit Sahne oder Buttercreme mit Aroma verzieren.

Für eine Schokoladen-Biskuitrolle nimmt man statt 15 ml (1 gestrichener Eßlöffel) Mehl die gleiche Menge Kakao.

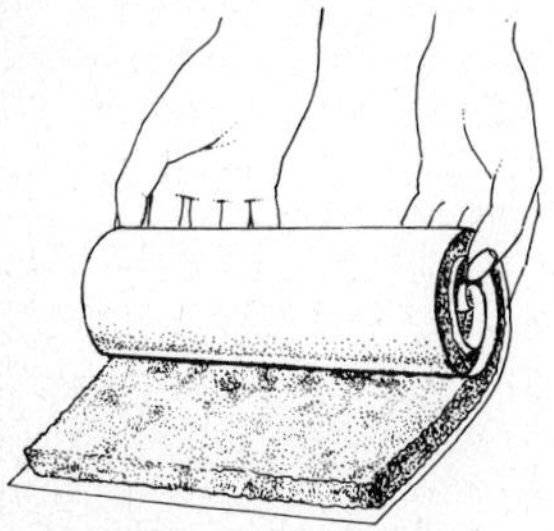

Pikante Biskuithappen

(siehe S. 101)

Ergibt etwa 120 Stück

200 g Weizenmehl
100 g gemahlener Reis
15 ml (1 gestrichener Eßlöffel) Trockensenf
10 ml (1 gehäufter Teelöffel) Salz
eine Prise Cayennepfeffer
150 g Margarine
150 g Cheddar-Käse
1 Ei
5 ml (1 gestrichener Teelöffel) Paprika
5 ml (1 gestrichener Teelöffel) Mohnsamen
Gemüse-Extrakt

Mehl, gemahlenen Reis, Senf, Salz und Pfeffer mischen. Die Margarine darunterkneten und danach mit dem Käse und dem verschlagenen Ei zu einem festen Teig verarbeiten. In vier Stücke teilen. Den Paprika unter die Hälfte eines Viertels kneten und eine Rolle von 18 cm Länge formen. Die andere Hälfte zu einem Rechteck derselben Länge und 7,5 cm Breite ausrollen, die mit Paprika gewürzte Rolle darauflegen und einwickeln, an den Rändern gut zusammendrücken. Dasselbe mit dem zweiten Stück und dem Mohnsamen wiederholen. Das dritte Stück zu einem Rechteck von 18 mal 12,5 cm ausrollen, mit Gemüse-Extrakt bestreichen und aufrollen. Aus dem letzten Teigstück eine 18 cm lange Rolle formen.

Zum Essen Kühlen, in Scheiben schneiden und bei Mittelhitze (180 °/ Gas 4) etwa 15 Minuten lang goldbraun backen.

Einfrieren Jede Rolle in Haftfolie verpacken. In einem Gefrierbeutel bis zu 3 Monate lagern.

Anmerkung Machen Sie die einfachen Biskuits etwas größer und servieren Sie sie mit Käse.

Ingwerrolle

(siehe S. 101)

100 g gelber Sirup
100 g schwarze Melasse
150 g Margarine
400 g Mehl mit 1 Päckchen Backpulver
30 ml (2 gestrichene Eßlöffel) gemahlener Ingwer
15 ml (1 gestrichener Eßlöffel) gemischte Gewürze
10 ml (2 gestrichene Teelöffel) doppeltkohlensaures Natrium
200 g Streuzucker
2 Eier

Sirup, Melasse und Margarine zusammen erwärmen und schmelzen lassen, dann abkühlen. Das Mehl mit dem Backpulver, Ingwer, Gewürzen und doppeltkohlensaurem Natrium in eine

Schüssel sieben, den Zucker und die Eier hineinrühren. Die abgekühlte Sirupmischung dazugeben und gut vermischen. Die Schüssel in den Kühlschrank stellen bis die Mischung völlig durchgekühlt ist. Dann auf einem bemehlten Brett in vier Stücke teilen und jedes mit den Händen zu einer Rolle von etwa 5 cm Durchmesser formen.

Zum Essen Die Rollen in etwa 1 cm dicke Scheiben schneiden und mit den Fingern nachformen, dann in hinreichendem Abstand (zum Aufgehen beim Backen) auf ein gefettetes Backblech legen.

Zum Einfrieren Jede Rolle in Haftfolie wickeln und dann in Gefrierbeutel verpacken. Noch gefroren aufschneiden und in den Backofen stellen.

Nußrolle

(siehe S. 101)

Lagern Sie die Rollen im Gefriergerät und schneiden Sie zum Backen je nach Bedarf Scheiben davon ab.

300 g Weizenmehl
100 g gemahlener Reis
90 ml (6 gestrichene Eßlöffel) Erdnußbutter mit Nußstückchen
200 g weiche Margarine
250 g Streuzucker
10 ml (2 gestrichene Teelöffel) Backpulver
30 ml (2 Eßlöffel) Milch
25 g Kochschokolade (nach Belieben)

Alle Zutaten außer der Schokolade zu einem Teig verkneten. Die gehackte Schokolade, falls erwünscht, unter die Hälfte der Mischung ziehen und daraus zwei, etwa 5 cm dicke Rollen formen. In Haftfolie verpacken und kühlen.

Zum Essen Die Rollen in dünne Scheiben schneiden und auf einem gefetteten Backblech bei Mittelhitze (180 °C/Gas 4) 15 bis 20 Minuten goldgelb backen.

Einfrieren Die Rollen in Gefrierbeutel verpacken. Bei Bedarf leicht antauen und Scheiben davon abschneiden, den Rest wieder in das Gefriergerät zurückgeben.

Lagerzeiten

Die empfohlenen Lagerzeiten sind Höchstwerte und zeigen an, wie lange das Gefriergut ohne Beeinträchtigung von Geschmack und Struktur aufbewahrt werden kann. Zwar sind auch bei einer längeren Lagerdauer keine schädlichen Wirkungen zu befürchten, nur schmecken die Lebensmittel dann nicht mehr so gut. Temperaturschwankungen im Gefriergerät und mangelhafte Verpackung verkürzen die Lagerdauer.

Fleisch

Rind	12 Monate
Lamm	10 Monate
Kalb	9 Monate
Schwein	9 Monate
Speck am Stück	
ungeräuchert	5 Wochen
geräuchert	8 Wochen
Speckscheiben	
ungeräuchert	2 Wochen
geräuchert	4 Wochen
Hackfleisch	2–3 Monate
Innereien	2 Monate
Würstchen	6 Wochen

Anmerkung: Speck hält sich in der Vakuumverpackung länger.

Geflügel und Wild

Huhn	12 Monate
Puter	9 Monate
Ente	9 Monate
Gans	9 Monate
Wildbret	6–8 Monate
Rotwild	6–8 Monate
Innereien	3 Monate

Fisch

Weißfisch	12 Monate
Fetter Fisch (Hering, Makrele) Forelle, Lachs)	9 Monate
Muscheln	1 Monat

Milchprodukte

Butter	
ungesalzen	6 Monate
gesalzen	4 Monate
Schweineschmalz	6 Monate
Margarine	12 Monate
Eier	
ganz oder Eigelb	6 Monate
Eiweiß	12 Monate
Sahne (geschlagen, fett oder ungeschlagen)	4 Monate
Sahnetupfer	2 Monate
Milch	
homogenisiert	6 Monate
pasteurisiert	3 Monate
roh	2 Monate
Käse	
hart	6 Monate
gerieben	4 Monate
Weich- und Hüttenkäse	4 Monate
Eiscreme	3 Monate

Backwaren

Brot	6 Monate
Milchbrot und Brötchen	4 Monate
Teig	
vorgebacken	6 Monate
roh	3–4 Monate
Kuchen	
ohne Fett	12 Monate
mit Fett	6 Monate
Obstkuchen	6–12 Monate
Ingwerbrot	4 Monate
Biskuit	4 Monate

Fertiggerichte	
(Suppen, Eintöpfe, Pasteten usw.)	3 Monate
Obst	
die meisten Obstsorten	12 Monate
Fruchtpüree	10 Monate
Rhabarber	10 Monate
Gemüse	
blanchiert	12 Monate
gebacken (Pilze, Zucchini)	6 Monate

Das Erreichen der maximalen Lagerzeit

Durch geschicktes Vorgehen beim Einfrieren erhöht sich die in den Listen angegebene Lagerdauer. Beachten Sie dabei folgende Punkte:

1. Wählen Sie zum Einfrieren nur hochwertige Lebensmittel. Nahrungsmittel von geringerer Qualität werden durch Einfrieren nicht besser, und die Kosten für die Lagerung und Verpakkung lohnen sich auch nicht.

2. Die Lebensmittel müssen ganz frisch oder frisch gekocht sein. Um den Verderb des Gefriergutes zu vermeiden, muß man bei der Zubereitung von Gefrierkost ganz besonders auf Sauberkeit achten. Eintopfgerichte und Suppen in Eiswasser rasch abkühlen, da die Mikroorganismen sich bei höheren Temperaturen rascher vermehren.

3. Verpacken Sie das Gefriergut in geruchs- und feuchtigkeitsundurchlässiges Material.

4. Die Luft aus der Verpackung entziehen, damit es im Gefriergut nicht zur Oxydation kommt.

5. Versuchen Sie, die Lebensmittel so schnell wie möglich unter Beachtung folgender Regeln einzufrieren:
a) Lebensmittel dünn verpacken.
b) Bei Einlegen von neuem Gefriergut, das mehr als 1 kg wiegt, den Schnellgefrierschalter eine Stunde vorher einschalten.
c) Frisches Gefriergut nicht an das bereits gefrorene legen und so dicht wie möglich an die Gefrierfläche legen.
d) Das Gefriergerät nicht überladen.

Zum Einfrieren geeignete Obst- und Gemüsesorten

Obst

Äpfel Cox, Goldparmäne, Golden Delicious
Birnen Williams Christ, Alexander Lucas
Erdbeeren Feste Sorten wie Senga-Sengana
Himbeeren Malling Promise, Lloyd George
Johannisbeeren rot und schwarz, alle Sorten mit dünner Haut
Kirschen Sauer- und Süßkirschen. Feste Kirschsorten wie Große Lange Lotkirsche, Schwarze Knorpelkirsche
Mirabellen Wenig bräunende Sorten wie Nancy
Pfirsiche Wenig bräunende Sorten wie J. H. Hale und Rote Ellerstädter
Pflaumen Nur feste Sorten
Stachelbeeren Feste grüne Sorten wie Lovetts Triumph, Lady Delamere
Zwetschgen Feste Hauszwetschgen mit dünner Schale

Gemüse

Blumenkohl Alle festen weißen Sorten wie Saxa
Bohnen, gelbe und grüne
Fadenlose Sorten wie Saxa, Wachs Beste
Erbsen, grüne
Markerbsen wie Wunder von Kelvedon, Lanzet, Shasta
Gurken Salatgurken wie Chinesische Schlange
Kohlrabi Zarte Sorten wie Rogglis Freiland
Möhren Mittellange, tiefrote Sorten wie Nantaiser
Rosenkohl Alle festen Sorten
Rote Beete Alle tiefroten Sorten
Spargel Alle Sorten
Spinat Sorten mit tiefgrünen Blättern wie Matador, Hilds Loreley
Tomaten Feste Sorten, sonst als Mark einkochen
Zuckermais Dunkelgelbe süße Sorten wie Golden Cross

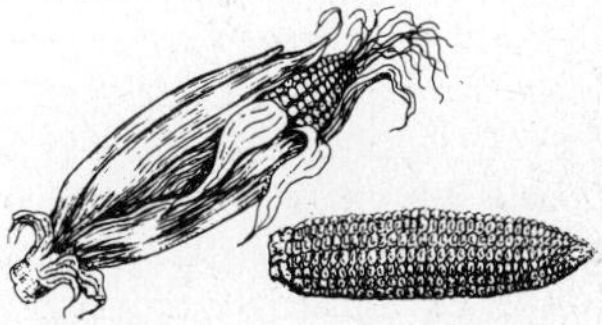

Die Vorbereitung von Obst zum Einfrieren

Äpfel

1. In Schnitzen Die geschälten, entkernten Schnitze in kochendem Wasser oder Zuckersirup blanchieren. Wenn sie weich sind (nach etwa 1 Minute) mit einem Sieblöffel herausheben, auf Küchenpapier trocknen lassen und in Beutel oder Behälter verpacken. Kühlen, etikettieren, einfrieren.
Blanchierte Schnitze zu Pies verwenden. Abwechselnd mit Zucker in Schichten legen und die Pies ungebakken einfrieren.
2. Als Apfelmus Die Äpfel waschen und samt der Schale kleinschneiden,

in ganz wenig Wasser garkochen. Dann durch ein Nylonsieb drücken und nach Geschmack süßen. In Behältern einfrieren, wenn wenig Dosen vorhanden sind, die gefrorenen Blökke herausnehmen und verpacken. Für Apfelsoße das Püree in kleinen Bechern oder in der Eiswürfelschale einfrieren. Die Würfel in Gefrierbeuteln verpacken und lagern.

3. Ganze Früchte Man kann die Früchte für selbstgemachten Apfelwein verwenden. Beim Auftauen zerfallen die Früchte und geben ihr Aroma leicht ab. Die Äpfel waschen, trocknen und in Gefrierbeuteln lagern.

Aprikosen

Halbieren, den Kern herauslösen und in Zucker oder Sirup einfrieren.

Zum Essen im eigenen Saft weich kochen oder zu Pies verwenden.

Bananen

Zerdrücken, mit Zucker und Zitronensaft vermischen. Für jede Banane 30 ml (1 gehäufter Eßlöffel) Zucker und 5 ml (1 Teelöffel) Zitronensaft nehmen. In kleinen Behältern verpacken.

Zum Essen Über Nacht im geschlossenen Behälter im Kühlschrank auftauen. Zu Aufläufen, Torten, Teegebäck, Kuchenfüllungen verwenden.

Brombeeren

1. Offen einfrieren Für kultivierte Früchte. In Beutel oder Dosen verpackt einfrieren, im Kühlschrank auftauen und roh verwenden.

2. Mit Streuzucker Für Pies und Kompott. Falls erwünscht, mit blanchierten Äpfeln vermischen. Für Pies vor dem Gebrauch auftauen. Falls die Pies eingefroren werden, die Beeren mit Zucker vermischt in Schichten einfrieren.

3. Für Marmelade Trocken in abgewogenen Mengen verpacken, dabei die Menge etwas erhöhen.

Schwarze Johannisbeeren

In kochendem Wasser 1/2 Minute blanchieren, damit die Häute nicht zäh werden. Wie Brombeeren einfrieren. Die Beeren können auch in Sirup eingefroren werden.

Heidelbeeren, Preiselbeeren

Wie Schwarze Johannisbeeren. Etwas Zitronensaft zum Sirup geben.

Kirschen

Entkernen, falls sie länger als 4 Monate eingelagert werden, in Sirup einfrieren. Die Sauerkirschen gefroren aufkochen, Süßkirschen in geschlossenen Behältern auftauen.

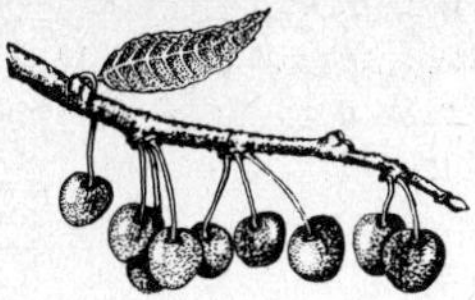

Zitrusfrüchte
(Orangen, Pampelmusen, Zitronen, Mandarinen usw.)

1. In Schnitzen Die Schale entfernen, mit einem scharfen Messer die Kerne aus den Schnitzen lösen. In Dosen abwechselnd mit Zucker schichten. Für Obstcocktails oder Obstsalat verwenden.

2. Als Saft Die üblichen Mengen in Dosen verpacken.

3. In Scheiben Zitronen- und Orangenscheiben eignen sich besonders zum Garnieren von Getränken oder Gebäck. Durch Folienblätter getrennt einfrieren, gefroren verwenden.

4. Ganze Früchte, ungespritzt Für Marmelade. Einzeln in Haftfolie verpacken und in Gefrierbeuteln lagern. Zusätzliche Früchte für den Pektinverlust während der Lagerzeit zugeben. Gefroren aufkochen, damit die Farbe erhalten bleibt.

5. Schale Die abgeriebene Schale in kleinen Päckchen mit Haftfolie verpacken, in Gefrierbeuteln aufbewahren. Als Aromastoffe gefroren zu Kuchen und Nachspeisen geben.

Stachelbeeren

1. Ganze Beeren In Gefrierbeuteln verpacken. Man kann sie entweder vor oder nach dem Einfrieren von Stiel und Blüte befreien. Gefroren aufkochen oder auftauen und zu Pies verwenden.

2. Gekocht Bei Platzmangel die Früchte vor dem Einfrieren kochen und in Dosen verpacken.

Melone

Schale und Kerne entfernen, in Würfel schneiden oder mit einem Portionierlöffel Bällchen aus dem Fruchtfleisch stechen. In Sirup mit Zitronensaft oder Ingwergewürz einfrieren. Langsam in der Dose auftauen lassen und noch kühl verwenden.

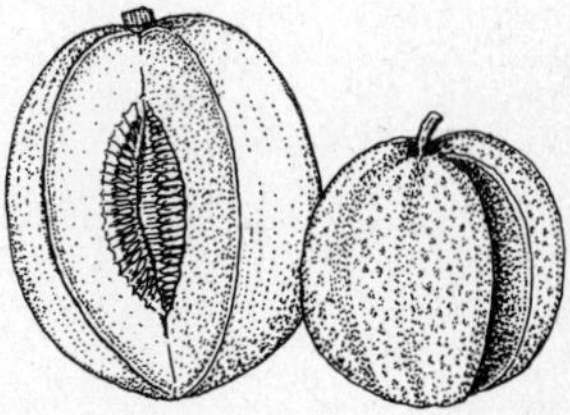

Pfirsiche

In kochendem Wasser $^1/_2$ Minute blanchieren, sofort abkühlen und die Haut abziehen. In Hälften oder Schnitze schneiden und sie sofort in Zuckersirup mit Ascorbinsäure fallen lassen.

Pflaumen

1. Ganze Früchte In Gefrierbeuteln verpacken, entkernen, falls die Lagerdauer mehr als 6 Monate beträgt. Gefroren aufkochen, damit die Farbe erhalten bleibt.

2. In Hälften Dazu eignen sich vor allem entsteinte, hellere Pflaumensorten. Ascorbinsäure zum Sirup geben.

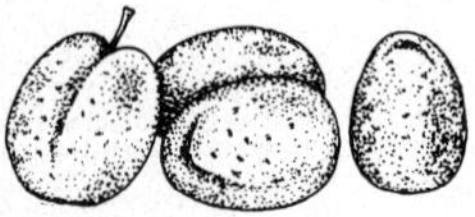

Rote Johannisbeeren

Püree Kochen und durch ein Sieb passieren. In Becher verpacken.

Ganze Früchte Zum Dekorieren am Stengel belassen.

Zu Gelee Mit den Stengeln zusammen einfrieren; gefroren lassen sie sich leichter abziehen. In Gefrierbeutel verpacken und etwas mehr Früchte zugeben, um den Pektinverlust während des Einlagerns auszugleichen.

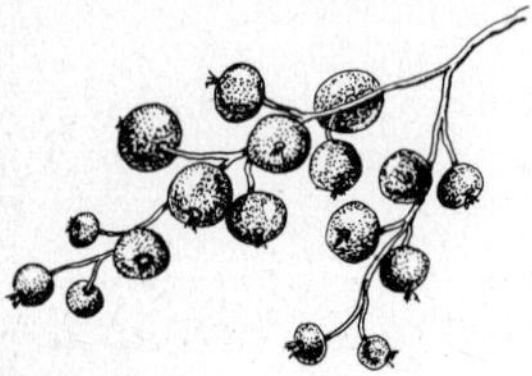

Rhabarber

Gekocht In Kartons verpacken.

In Stücken 1 Minute blanchieren, dann in Sirup einlegen.

Weiche Früche

Ganze Früchte Die beste Methode, um Himbeeren und Erdbeeren einzufrieren. Offen einfrieren, dann in Behälter verpacken. Falls erwünscht, gefroren in Streuzucker rollen.

In Stücken Eignet sich besonders für Erdbeeren. Abwechselnd mit Zucker in Behälter schichten.

Püree So lassen sich Erdbeeren am besten einfrieren. In Becher verpacken.

Blanchiertabelle für Gemüse

Gemüsesorte	Vorbereitung	Blanchier- und Abkühlzeit	Gefriermethode
Spargel	Nach Größe ordnen	dünn: 2 Minuten dick: 4 Minuten	In Behälter verpacken
Bohnen, dicke	Enthülsen und nach Größe sortieren	klein: 2 Minuten groß: 3 Minuten	In Gefrierbeutel verpacken
grüne	Spitzen abmachen und nach Wunsch schneiden	ganz: 3 Minuten geschnitten: 2 Minuten	Offen einfrieren, in Gefrierbeutel verpacken
Stangen-	Fäden abziehen, wenn nötig schneiden	2 Minuten	Wie grüne Bohnen
Brokkoli	Nach Größe auslesen, 30 Minuten in kaltem Salzwasser einweichen	3 bis 4 Minuten	Offen einfrieren, in Dosen verpacken
Rosenkohl	Nach Größe sortieren, die kleinen sind die besten. 30 Min. in kaltes Salzwasser legen	3 Minuten	Offen einfrieren, verpacken in Dosen oder Beutel
Karotten	Nur junge kleine Karotten einfrieren; putzen und schneiden	5 Minuten	Haut abziehen, in Beutel verpacken
Blumenkohl	In kleine Rosen zerteilen	3 Minuten	Offen einfrieren, in Beuteln einlagern
Zucchini	In 2 cm dicke Stücke schneiden	3 Minuten	Offen einfrieren, in Beutel verpacken
Pilze	Waschen und trocknen, große Pilze vierteln	a) In Butter gebraten b) Unblanchiert	a) in Dosen verpacken b) Offen einfrieren

Gemüsesorte	Vorbereitung	Blanchier- und Abkühlzeit	Gefriermethode
Erbsen	Enthülsen, nach Größe sortieren	1 Minute	Offen einfrieren
Paprika	Waschen, halbieren, Samen und Adern entfernen, schneiden	2 Minuten	In Beutel oder Dosen verpacken
Neue Kartoffeln	Nur kleine Kartoffeln nehmen	fast gar kochen	In Beutel verpacken
Kartoffel-Chips	Fast gar, aber nicht braun backen	schnell kühlen	Offen einfrieren, in Gefrierbeutel packen
Spinat	Zubereiten wie zum Essen	2 Minuten, rühren	In Beutel packen
Mischgemüse	Alle Gemüsesorten getrennt zubereiten, dann vermischen	getrennt blanchieren	In Beutel verpacken

Glossar

Abziehen Die vollständige Entfernung der Schale. Bei Zitrusfrüchten ist es oftmals nötig, auch die bitter schmeckende weiße Haut unter der Schale abzuziehen.

Aluminiumfolie Ein für die Gefrierlagerung wertvolles Verpackungsmaterial. Die Bahnen lassen sich ganz dicht an das Gefriergut andrücken, so daß die Luft aus der Verpackung entfernt wird. Als feste Behälter wie auch in Rollen verschiedener Breite erhältlich, eignet sich sowohl zum Garen als zum Einfrieren.

Ascorbinsäure Auch als Vitamin C bekannt, organischer Zusatznährstoff in frischem Obst und Gemüse. Durch das Blanchieren der Gemüse bleibt es vor der Zerstörung bewahrt. Es ist wasserlöslich und oxydiert leicht. In der Apotheke erhältlich. Beim Einfrieren einiger Obstsorten, besonders von Pfirsichen, Äpfeln und Pflaumen, kann es dem Sirup zugefügt werden, um das Oxydieren und die nachfolgende Bräunung zu verhindern.

Auftauen Auf normale Umgebungstemperatur zurückbringen. Beim langsamen Auftauen des Gefriergutes – beispielsweise in einem Kühlschrank – können die Zellen die abgegebene Flüssigkeit wieder rückabsorbieren, deshalb sind die meisten derart aufgetauten Speisen weich und saftig (nur Gemüse wird am besten in gefrorenem Zustand angekocht).

Backpulver Ein Gemisch aus Chemikalien, zu denen auch Weinstein und doppeltkohlensaures Natrium gehören, bringt Gebäck zum Aufgehen.

Battenberg Zweifarbiger, länglicher Biskuitkuchen mit Mandelguß.

Blanchieren Das kurze Eintauchen von Gemüse oder Obst in kochendes Wasser, wobei die Enzyme zerstört werden, die geschmackliche Veränderungen bewirken. Blanchieren verhütet außerdem das Verfärben von Obst. Alle Gemüse- und Obstsorten, die sich beim Gefrieren verfärben, müssen blanchiert werden.

Charlotte Ein Pudding mit Zwischenschichten oder einem Mantel aus Biskuit oder Keksen.

Croutons Kleine geröstete oder gebackene Brotwürfel als Garnierung zu warmen Speisen oder als Suppeneinlage.

Dehydration Austrocknung. Die trockene Luft im Gefriergerät entzieht dem nicht eingepackten Gefriergut die Feuchtigkeit. Die Speisen trocknen aus, da die beim Gefrierprozeß entstandenen Eiskristalle verdampfen, das Gefriergut wird trocken und verschrumpelt. Zur Vermeidung der Dehydration muß das Gefriergut luftdicht verpackt werden, wenn jedoch die Verpackung durch einen scharfen Gegenstand verletzt wird, kann stellenweise Austrocknung stattfinden. Siehe Gefrierbrand.

Einfrieren Die Temperatur von Lebensmitteln unter den Nullpunkt senken. Beim Gefrieren bildet die Flüssigkeit im Gefriergut Eiskristalle. Beim langsamen Einfrieren werden diese Kristalle sehr groß und zerreißen die Zellwände der Lebensmittel. Schnell eingefrorene Lebensmittel sind am besten.

Enzym Ein als Katalysator wirkendes Protein, das die chemischen Reaktionen beschleunigen kann. Enzyme arbeiten rascher unter warmen Bedingungen und werden durch Hitze zerstört. Durch Kälte wird die Aktivität der Enzyme gehemmt.

Garnieren Das Verzieren pikanter Speisen, um sie appetitlicher erscheinen zu lassen. Alle Garnierungen müssen eßbar sein und sich farblich und in der Struktur vom Gericht unterscheiden. Am besten garniert man die Speisen unmittelbar vor dem Servieren.

Gefrierbrand Starke Austrocknung des Oberflächengewebes bei gefrorenen Lebensmitteln. Durch sorgfältiges Einpacken und Verschließen des Gefriergutes kann der Gefrierbrand vermieden werden.

Gelatine Eine durchsichtige, geschmacklose, wasserlösliche Substanz zum Bereiten von Gelee und zum Andicken von Soßen. Siehe Anmerkung über Gelee auf S. 50.

Gewürzsträußchen Ein Kräuterbündel, das zum Würzen pikanter Speisen verwendet wird. Es besteht aus jeweils einem Zweig Petersilie und Thymian und einem Lorbeerblatt, die in einem Mullbeutelchen zusammen mit der Speise gekocht und vor dem Servieren entfernt werden.

Glasur Eine Flüssigkeit, die beim Erstarren als glänzende Oberfläche von Gebäck, pikanten Speisen oder Pasteten erscheint.

Haftfolie Selbsthaftende dünne Kunststoffolie, die sich leicht um Gegenstände wickeln und andrükken läßt, wobei sie sich selbst verschließt. Die dünnere Sorte ist in hohem Maße luftdurchlässig und muß deshalb vor der Lagerung im Gefriergerät nochmals verpackt werden, die dickere Folie kann für sich allein verwendet werden.

Hors d'oeuvres Kleine kalte oder warme Gerichte, die bei Beginn einer Mahlzeit zum Anregen des Appetits serviert werden.

Hüttenkäse Ein weicher Käse aus entrahmtem Quark.

Kaltluft-Gefrieren Gefriermethode in der Lebensmittelindustrie, bei der das Gefriergut in einem Tunnel sehr kalter bewegter Luft ausgesetzt und innerhalb von Minuten tiefgefroren wird.

Kopfraum Freier Raum, der beim Einfrieren von Flüssigkeiten in Behältern nötig ist, damit die gefrierende und sich dabei ausdehnende Flüssigkeit genügend Platz hat und nicht mit Gewalt den Behälterdeckel absprengt. Etwa 2 cm Kopfraum genügt.

Mikroorganismen Winzige, in den Nahrungsmitteln vorhandene Lebewesen. Die drei Klassen der Mikroorganismen sind Schimmelpilze, Hefen und Bakterien. Durch das Gefrieren wird die Aktivität der Mikroorganismen stark herabgesetzt, die den Geschmack des eingelagerten Gefriergutes verderben können.

Obsttorte Ein sehr feines Gebäck, meist mit einem Rührteig- oder Biskuitboden und einer Sahne- oder Buttercreme hergestellt. Wird oft als Nachtisch serviert.

Oxydieren Eine durch Enzyme bewirkte Verbindung mit Sauerstoff. Das Braunwerden des Obstes ist ein

Anzeichen der Oxydierung. Die Wirkung kann weitgehend unterbunden werden durch Übergießen der Früchte mit Sirup und durch Zugeben eines Anti-Qxydationsmittels wie Ascorbinsäure (Vitamin C) oder Zitronensäure. Fette werden beim Oxydieren ranzig. Die Luft muß deshalb (wegen ihres Sauerstoffgehaltes) aus den Gefrierpackungen entfernt werden.

Passieren Die faserigen Bestandteile einer Speise entfernen, indem man sie durch ein feines Sieb drückt.

Pastete Eine Masse aus gehacktem Wildfleisch, Leber oder Fisch.

Pektin Ein im Obst enthaltener Stoff zur Erhaltung der Struktur. Wenn man das Pektin mit einer entsprechenden Menge Säure und Zukker aufkocht, bildet sich ein Gel, mit dessen Hilfe man Marmeladen und Gelees zum Gelieren bringt.

Pochieren Speisen in wenig Wasser bei einer Temperatur knapp unterhalb des Siedepunktes gar ziehen lassen. Durch die schonende Kochmethode wird das Zerfallen oder Zähwerden des Kochgutes verhindert.

Püree Weicher Brei aus Gemüse, Fleisch, Obst usw., deren faserige Bestandteile durch Passieren entfernt worden sind.

Quarkkäse Ähnlich wie Hüttenkäse, aber meist weicher, mit einem mittleren Fettgehalt.

Quiche Ein Gebäck mit pikanter Eiercreme. Die Grundfüllung ist immer ein Gemisch aus Eiern und Sahne oder Milch, dem noch andere Zutaten beigefügt werden können.

Ratatouille Gemischter Gemüseeintopf, stammt aus der Provence, Frankreich.

Reifung Aromaentwicklung, gewöhnlich während des Lagerns.

Sahnekäse Aus Sahne hergestellter Käse, der nach dem Säuern in einem Mullbeutel zum Trocknen gehängt wird.

Schnellgefrierschalter auch ›Supergefrierschalter‹ genannt. Die Vorrichtung an Heimgefriergeräten, durch die der Thermostat ausgeschaltet und dauernde Höchstgefrierleistung erreicht wird. Beim Einfrieren von Gewichtsmengen bis zu 1/2 kg braucht der Schalter nicht eingestellt zu werden.

Schnellkochtopf Ein großer, schwerer, gegen Dampfaustritt fest verschlossener Topf, der das Garen des Kochgutes bei höheren Temperaturen erlaubt als in üblichen Kochtöpfen, die Kochzeit verkürzt sich dadurch wesentlich. Schnellkochtöpfe eignen sich besonders für Speisen mit langer Garzeit.

Sieben Durch ein Sieb schütteln, um feine Bestandteile von den groben zu trennen.

Simmern In einer Flüssigkeit bei 85 ° bis 91 °C garen. Dabei entstehen Blasen, die langsam an der Oberfläche der Flüssigkeit zerplatzen.

Sterilisieren Abtöten von Bakterien und Enzymen, die den Verderb verursachen. Wird meist mittels Erhitzen durchgeführt.

Tauflüssigkeit Die beim Auftauen der Lebensmittel austretende Flüssigkeit. Eine große Menge Tauflüssigkeit zeigt an, daß der Gefrierprozeß zu langsam und das Auftauen zu rasch erfolgt ist, das Ergebnis sind ausgetrocknete Speisen.

Terrine Kochgeschirr aus Steingut, in der Form ähnlich der Pastetenform, das zum Garen von Hackfleischmischungen benutzt wird. Die kalt mit Toast servierte Speise wird ebenfalls Terrine genannt.

Vakuum Ein von Materie nahezu völlig freier Raum, in dem die Bakterien und Pilze, die den Verderb der Lebensmittel verursachen, nicht überleben können. Vakuumverpackte Lebensmittel sind außerdem vor Oxydierung geschützt, so daß sich ihre Lagerdauer verlängert.

Vitamin Ein in vielen Lebensmitteln enthaltener Zusatznährstoff, der für die gesunde Entwicklung von Menschen und Tieren unentbehrlich ist. Siehe auch Ascorbinsäure.

Wachsschicht Dünne Außenschicht der Zitrusfrüchte.

Weiches Obst Beerenfrüchte mit kleinen Samen und Kernen wie Himbeeren, Erdbeeren, Brombeeren, schwarze und rote Johannisbeeren.

Wildbret Wildlebende Säugetiere oder Vögel, die als Nahrungsmittel dienen. Wildfleisch muß meist abgehangen werden, damit das Fleisch zarter wird und sich der typische Geruch entfaltet; das muß vor dem Einfrieren geschehen, wenn es eine Wirkung haben soll.

Zitrusfrüchte Dickschalige saftige Früchte wie Orangen, Zitronen, Pampelmusen, Mandarinen und Satsumas.

Zuckersirup Flüssigkeit aus in Wasser gelöstem Zucker, wird manchmal beim Einfrieren von Obst benutzt.

Solche Köstlichkeiten sind schnell zubereitet – wenn man nur in die gefüllte Tiefkühltruhe greifen muß.

Das Gesamtprogramm der Ravensburger Freizeit-Taschenbücher
(Stand Juni 1981)

Band 1: Lammèr, Kleine Welt in der Flasche
Band 2: Erlewein, Musikinstrumente zum Selberbauen
Band 3: Wicks, Schmuck
Band 4: Cooper, Töpfern
Band 5: Schneider, Färben mit Naturfarben
Band 6: Schäpper, Muster und Techniken für Patchwork
Band 7: Coats, 100 Stickstiche
Band 8: Schmid-Burleson, Alles über Makramee
Band 9: Greenoak, Wildblumen in Wald und Wiese
Band 10: Ardley, Vögel beobachten
Band 11: Mossman, Gemüse und Obst selbst angebaut
Band 12: Blume/Isterling, So beginnt das Gartenjahr
Band 13: Diem, Liebenswerte alte Dinge – reinigen, reparieren, restaurieren
Band 14: Eggen, Schnitzen
Band 15: Kühne, Patiencen
Band 16: Wandel, Schöne alte Stick-Ornamente
Band 17: Taylor, Schöne Blumen für Sträuße und Gestecke
Band 18: Maloney, Astronomie
Band 19: Ward/Wellsted, Alles über Topfpflanzen
Band 20: Harper, Emaillieren, Kunsthandwerk und Hobby
Band 21: Znamierowski, Teppiche selbermachen
Band 22: Carey, Kerzengießen
Band 23: Hagensen, Rallye-Ideen
Band 24: von Ruszkay, Vexierbilder
Band 25: Purell, Spiele für Wartezeiten
Band 26: Katira, Spiele mit Würfeln
Band 27: Katira, Poker
Band 31: Wildman, Häkeln, Maschen, Muster und Modelle
Band 32: Jones, Sticken
Band 33: Svinicki, Spinnen und Färben
Band 34: Walker-Phillips, Stricken
Band 35: Harvey, Gewürz- und Heilkräuter
Band 36: Browne, Die Blumen im Garten
Band 37: Vedel/Lange, Bäume und Sträucher
Band 38: Langfield, Das Schachspiel
Band 39: Schürmann/Nüscheler, So gewinnt man Mühle
Band 40: Hoare, Yoga
Band 41: van der Plas, Vom Fahrrad und vom Radfahren
Band 42: Greenhill/Murray/Spence, Fotokurs für Anfänger
Band 43: Becker, Fototechnik: Die Kamera, Hilfe für den Einkauf
Band 44: Bechtel, Fotografieren in der Stadt
Band 45: Angermayer/Koshofer, Schnappschüsse im Urlaub

Band 46: Eisner/Weiss, Basteln mit Zeitungspapier
Band 47: Lagerwall, Silber schmieden
Band 48: Schäfer, Brot backen
Band 49: Laing/Hendra, Bier brauen
Band 50: Glynn, Käse machen
Band 51: Wicks, Wein keltern
Band 52: Wirtl, Hinterglasmalerei
Band 53: Glassman, Arbeiten mit Perlen
Band 56: Weigand, Das Shogun-Handbuch
Band 59: Lange, Zahlenlotto
Band 60: Myers, 46 verzwickte Labyrinthe
Band 61: von Ruszkay, Bilderrätsel
Band 62: Bauer/Junge, Freizeit-Erlebnis Ski-Wandern
Band 63: Dotter, Grundkurs Einfrieren
Band 64: Dotter, Grundkurs Einmachen
Band 66: Leeming, Chinesisch kochen kann jeder
Band 67: Leeming, Tafeln und speisen wie die Franzosen
Band 68: Barker, So kochen und genießen die Italiener
Band 69: Paulson, Zeichnen
Band 70: Schachner, Drucken
Band 71: Johnston, Malen
Band 72: Wiberg, Modellieren
Band 74: Anderson, Gitarre spielen
Band 75: Károlyi, Musik – Ein Führer zum besseren Verstehen
Band 76: Seymour, Friedliches Land – Grünes Leben
Band 77: Estlund/Aulén, Bilder aus Stoff
Band 80: Schmid-Burleson, Das Hängemattenbuch
Band 82: Abrams/Albert, So näht der Mann
Band 83: Ebert, Mit Holz richtig heizen
Band 84: Musterbuch der Häkelmaschen
Band 85: Seymour, Selbstversorgung 1, Landwirtschaft alternativ
Band 86: Seymour, Selbstversorgung 2, Im Nutzgarten arbeiten
Band 87: Seymour, Selbstversorgung 3, Gemüse anbauen
Band 88: Seymour, Selbstversorgung 4, Obst und Kräuter
Band 89: Seymour, Selbstversorgung 5, Vorräte anlegen
Band 90: Panzram, Internationaler Reisewetterführer
Band 91: Hobby-Ferienkurse 81/82
Band 92: Hoffmann/Hölzler, Ferien auf dem Reiterhof
Band 93: Deutsch, Das Alpenländische Liederbuch
Band 94: Axt/Fuchs, Überleben in der Natur
Band 95: Mehler, Freizeit-Erlebnis Natur: Pilze, Beeren, Kräuter, Heilpflanzen
Band 96: Zimmermann/Schöpfer, Freizeit-Erlebnis Wandern
Band 97: Mehler, Freizeit-Erlebnis Natur: Pflanzen in Haus und Garten
Ault, Das Mastermind-Buch
Jäkl, So lernt man Go